JN067584

マドンナメイト文庫

禁断告白スペシャル 母と息子の相姦体験

素人投稿編集部

第一章　生まれてきた場所を存分に堪能し

第二章　牡と化す我が子を受け入れる悦び

※本書に掲載した投稿には、読みやすさを優先して、編集部でリライトしている部分もあります。なお、投稿者・登場人物はすべて仮名です。

第一章 生まれてきた場所を存分に堪能し

一人暮らしのワンルームに押しかけた母が私の性欲を発散させようと股間を刺激して

佐藤健大　大学生・二十歳

都内の大学に通う大学生です。私は母とセックスしていて、そのことで悩んでいます。こんなことを続けていいのでしょうか。不健全であることはよくわかっています。でも、どうしてもやめられないでいるのです。

私は一人っ子で兄弟はなく、父も私が中学のころに他界していて、母一人子一人で育ちました。だから母が私にこだわるのはわからなくはありません。

私自身もマザコン気味の自覚はありました。母は美人で、子どものころから母の美しさは私の誇りでした。

でも高校生のころは、そんな母の過干渉をうざく感じて、大学進学を機に家を出ることにしたのです。さいわい父の遺産もあり、学費はなんとかなりました。

でもやっぱり、母が私を放っておいてくれるということはありませんでした。

大学の課題やアルバイトが忙しくてなかなか帰省できないでいる私にいつも文句を言っていた母が、二年生の夏に上京してきたのです。

食事を作ってくれたり、部屋を片づけてくれたりしてくれるのはありがたいことでした。バイトと課題の合間に東京見物に連れていくのも迷惑というほどのことではなく、久しぶりの母との交歓は、私にとっても楽しいことでした。

そうは言っても一人暮らしの狭いワンルームですから、生活の距離が近くなるのはどうしようもありません。風呂上がりなど目のやり場に困りました。

母の滞在も三日を超えて、そろそろ帰ってくれないかと思いはじめたころでした。夕食を待ちながらベッドで居眠りしていた私に、母がいたずらを仕かけてきたのです。股間の違和感に目を覚ますと、部屋着のスウェットの上から、母が勃起したペニスをなでさすっていました。

「何してんの!?」

思わず跳ね起きた私でしたが、母は悪びれる様子もありません。

「だって、すっごい勢いでテント張ってたから。溜まってんのかなあと思って」

誰のせいだと思っているのでしょう。狭い部屋に母と二人で暮らしていてはオナニーができるはずもありません。居眠り中に勃起してしまうこともあるでしょう。

「それ、出しちゃったほうがすっきりするんじゃないの？」

そんなことは言われるまでもありません。母が帰ったらそうするつもりでした。

「大きなお世話だから」

イラついて大きな声になってしまったと思います。でも母はそんなことは気にならない様子で、さらに身を乗り出してきました。

「ね、お母さんが手伝ってあげようか？」

びっくりしました。いったい何を言い出すのでしょう。

「親子なんだから、遠慮することないじゃない」

そういう問題ではありません。母は、絶句したまま動けずにいる私を尻目に、ベッドに膝をついて、スウェットのズボンをずり下げにかかりました。安物のシングルベッドが母の体重でギシギシときしみました。

「ちょっと、待ってよ。やめてよ」

抵抗しようとしましたが、寝起きのだるさが残る体では、母のすばやい動きにかないませんでした。ズボンとトランクスが同時にずり下げられて、解放された勃起したペニスが、びっくり箱の人形みたいにぴょこんと飛び出しました。

「あらまあ、こんなにしちゃって」

母がそう言いながら、ペニスに指を絡めてきました。

「あ……!」

思わず声が洩れてしまうくらいの気持ちよさが下半身に広がりました。

そういえば、子どものころに足を骨折して尿瓶《しびん》の世話になったことがあります。母にペニスをさわられるのはそのとき以来でした。

「ねえ、もう誰かと経験しちゃった?」

「彼女いないって言ったろ」

「風俗とか、そういうお店もあるじゃない?」

「そんなとこ行かないよ……」

正直なところ、私はまったくの童貞でした。大学でも周りの友人たちは男女とも奥手な人が多く、特に劣等感もありません。そういうものだと思っていました。

「最近の若い子は、私たちのころとは違うのねえ」

若者の恋愛離れを問題視する言説を耳にしますが、自分たちに特に問題があるとは思いません。逆に、みんながみんな恋愛やセックスのことで頭がいっぱいだった母の時代のほうが、よっぽどおかしく思えます。

「だって、気持ちいいでしょう?」

母はそう言うと、絡めた指で幹をしごきながら、チュッと音を立てて亀頭に唇をつけました。

「ああ……」

確かに、腰が引けてしまうほどの気持ちよさでした。

「ほらね？」

母は私の反応に満足げに微笑みながら、上目づかいで私を見上げました。

「気持ちいいこと、もっといろいろしてあげようか？」

そう言われてなんと答えることができるでしょう。言葉をなくしたままの私を見つめながら、母は舌を出して亀頭に這わせました。

舌が意思を持った別の生き物みたいに、亀頭の上を這い回り、まとわりつきます。溢れ出す潤沢《じゅんたく》な唾液が表皮に塗りたくられて密着度を高めました。舌先が亀頭の縁をなぞるように舐め回し、傘を刺激します。茎に流れ落ちる唾液が絡みつく指でさらに塗りのばされていきました。

「うう……」

されるがままの私は、情けないうめき声をあげるくらいしかできませんでした。

でもこのまま行為を続けることには抵抗がありました。なんとか母を止めなくてはと思いました。いますぐにでも、こんなことはいけないことだと言って、やめさせなくては。

ちょうどそのタイミングで、母がもう一方の手を陰嚢に向かわせました。下からすくい上げるように玉袋が手のひらに包まれます。急所を握られて抵抗できるはずもありません。へなへなと抵抗の意志が萎《な》えます。でも陰茎は私の意志とは逆にさらに激しく勃起して、母の舌が這い回る亀頭をぱんぱんに膨張させるのでした。

「はあぁ……」

私はすっかり観念して、快感に身を委《ゆだ》ねるしかありませんでした。やがて母は大きく口を開けて、亀頭をがっぽりと咥え込みました。母の口の中は温かく、柔らかい口腔内の肉が陰茎の表皮に密着して、これまでに味わったことのない心地よさです。

母の唇は茎の根元に近いあたりまで食い進み、亀頭の先端が喉の奥にまで届きました。人の口というものはどこまで深いのかと驚くばかりでした。

「んぐ……」

さすがに口蓋垂《のどちんこ》を超える勢いで呑み込めば嘔吐感《おうとかん》もあるでしょう。母はむせて咳《せき》込み、涙の浮かぶ目で照れくさそうに微笑むのでした。

「深すぎたみたい。でも、これ気持ちいいでしょ？」

「うん。すごく……」

私が答え終わる前に、母は再びペニスを咥え込んでいました。

「あ。うう……」

また深く呑み込み、むせる寸前で浅くして、また深く。スライドする唇の感触が私を夢見心地にします。舌は相変わらず別の生き物のような奔放さで亀頭に絡みつき、溢れ出す唾液を亀頭全体に塗りたくります。それでもこぼれる唾液が茎の根元をしごく指を濡らし、もう一方の手でもみしだかれる陰嚢もすでに唾液まみれでした。

深く、浅く、咥え込む母の頭が、私の下腹部で上下します。母はときおり、私の反応を確認するように上目づかいで私に微笑みかけました。私のペニスを口いっぱいに頬張って、顔全体が横に広がったり縮んだり、母の美しい顔が無様にゆがんでいます。そんな様子を見て申しわけないやら誇らしいやら、息子としては複雑な心境でした。

腰の奥がじんとしびれて、射精の予感がありました。まさか、このまま母の口の中に精液をぶちまけるわけにはいきません。私はあわてました。

「お母さん、やめて。出ちゃいそうだから。もうやめて……!」

聞く耳は持ってもらえませんでした。フェラチオをやめてくれるどころか、母はこぞとばかりにさらに激しく頭を上下にピストンさせてペニスを舐めしゃぶるのでした。

「このまま出していいからね」

そう言って母は、右手で茎をしごき、左手で玉袋をもみ、またしてもがっぷりと咥え込んだ亀頭に舌を絡めました。もう我慢の限界でした。

「ホントに出るから。出ちゃうから……！」

もう知らない。知るもんか。私はやや捨て鉢になって、快楽を甘受することを自分に許しました。

次の瞬間、びくびくと腰が痙攣して、亀頭が暴発しました。溜まりに溜まった精液が勢いよく飛び出します。精液は母の喉を直撃し、口の中に溢れました。腰の痙攣は止まらず、射精も止まりません。

そんな激しい私の射精を、母はしっかりと口で受け止めてくれました。一滴もこぼすまいと、暴れるペニスの茎を両手で握りしめ、亀頭を深く咥え込み、ごくりごくりと喉を鳴らして粘度の高い精液を飲み下します。さらに吸いついて、ちゅうちゅうと音を立てて、尿道に残る残滓《ざんし》まで飲み干してくれたのです。

ひとしきり精液を発射してしまうと、私はそのままベッドの上で、がっくりと脱力しました。指一本動かせないくらいのけだるさが全身を包みました。

「どう？　すっきりした？」

母はそう言うと、唇の端についた精液のしずくを舐めとりながら立ち上がりました。

ベッドから見上げる母の姿はやっぱり美しく、神々《こうごう》しくさえありました。

私は母の優しさに打ちのめされました。なんて優しいんだろう。母親とは、息子のためなら、どこまでも優しくなれるものなのでしょうか。

「さあ、ご飯にしましょう」

私の思いをよそに、母は何事もなかったように、食卓に料理を並べはじめました。

食事が始まりましたが、私は全然落ち着きませんでした。料理を口に運ぶ母の口元ばかりを見てしまい食事どころではありません。この口が私のペニスを咥え、舐めしゃぶって射精に導き、あまつさえ精液を一滴残らず飲み干してくれたんだと思うと、目が離せませんでした。

「なにじろじろ見てんのよ。落ち着かないじゃない」

母はそう言って箸を置きました。母もあまり食は進んでいないようでした。

「あなたのお汁を飲んだから、それでお腹いっぱいになっちゃったかな」

そう言って母は微笑みました。私は返す言葉もなく黙り込みました。恥ずかしさに頭に血が上り、頬が上気するのが自分でもわかりました。でも充血は頬や頭だけではありません。ズボンの中でペニスが勃起を始めました。窮屈なズボンの中で、さっき射精したばかりとは思えないくらいの勢いで、硬く大きくなって、行き場を求めていました。

うつむいた私をのぞき込むようにしながら、母は言いました。

「エッチなこと、もっとしたい？　ね、最後までしちゃおうか？」

ちょっと公園まで散歩に行こうかと誘うみたいな言い方でした。

母子相姦なんて、とても不謹慎で非常識で不健全なことです。でも、母の屈託のない言い方が、多少なりとも嫌忌感《けんきかん》を和らげていたのでしょう。そんな大袈裟に考えることでもないかもしれないと、私に思わせてくれたのです。あるいは、まんまと母の誘導術というか、催眠術にかかってしまっていたのかもしれません。

断ることもできずに、気がつくと私はベッドで母と抱き合っていました。お互いの衣服を脱がせ合って、二人ともすでに全裸でした。母といっしょにお風呂に入っていたのは小学三年生くらいまでだったでしょうか。そのころとほとんど変わらない美しい肉体に、私は夢中になりました。

唇を吸い合ってキスを交わしながら、母のおっぱいにさわりました。想像したよりずっと柔らかい乳房の感触は感動的でさえありました。私は左右のおっぱいを両手でもみ、乳首に吸いつきました。

「あ……」

母は体をびくっと奮わせて、少女のようにか細い声で喘ぎました。もっと聞きたいと思わせるかわいい喘ぎ声でした。私は勢い込んで、乳輪を舌先でなぞり、口に含んだ乳首を口の中で舌を絡ませて舐めしゃぶりました。

「あん、ああん、あん……」

母のかわいい喘ぎ声がたくさん聞けて私は満足でした。口の中で、充血した乳首がひと回り大きくふくらんで硬くなるのがわかりました。

「ああ、気持ちいいよ。じょうずだよ……」

母はそう言って私の後頭部に腕を回して抱き締めてくれました。

「こうやって、母乳飲んでたね。覚えてる?」

さすがにリアルな授乳の記憶はありませんが、小学生くらいのころに、よく思い出話として聞かされたことは覚えています。恩着せがましく、自慢話のように授乳の記憶を語る母の表情には、誇りと慈愛と含羞《がんしゅう》が感じられたものでした。中学生になるころには、それが鬱陶《うっとう》しくなって、その話はもういいよとケンカになって、以来さすがに母も授乳の思い出話はしなくなりましたが、いままたその話を蒸し返す母の表情は、昔と同じ、誇りと慈愛と含羞に満ちた、聖母子像を連想させるものでした。

自分の体から出る分泌液を飲ませるのはどういう感覚なのでしょうか。射精した精液を飲ませるのとはまた違うのでしょうか。

「お母さんだって、ぼくの精液、飲んだじゃないか」

私はそう言ってみました。母はおかしそうに笑ってくれました。

「おあいこだね。じゃあ、こっちもおあいこで、舐めっこしよう?」

私たちは体勢を変えて、お互いの性器を舐め合う格好になりました。目の前に母の股間がありました。陰毛の奥に、性器が見え隠れしています。

母がペニスを逆手に握って、またフェラチオしてくれているのを下腹部に感じながら、私は母の性器にむしゃぶりつきました。むせ返るような女の性臭が匂い立ちます。

鼻先で陰毛をかき分け、舌先を割れ目に沿って這わせました。

さらにその先にある赤黒い肉の裂け目をのぞき込むと、きれいなピンク色の膣口がぽっかりと口を開けていました。そこから流れ出す愛液が性器周辺を濡らし、電灯の明かりを反射して、私の舌を誘っていました。私は唇で性器全体に吸いつき、舌を膣口に挿し入れました。

「あん……」

母が敏感に反応して腰がビクンと痙攣しました。

もっと深く膣孔にもぐらせたくて、舌をいっぱいに伸ばしてみましたが、さすがに奥にまでは届きません。ほんの膣口周辺を舐め回すばかりでした。

「ああ、気持ちいいよ……！」

口と指でペニスをしごきながら、母が腰をくねらせて言いました。

「ねえ、指も入れて？　指ちょうだい？」

そうです。指がありました。私は口を離して指先を膣口に向かわせました。濡れそぼった膣内は、簡単に指の侵入を許しました。

「ああ、いい。気持ちいい……」

また腰が大きくうねり、母がか細い声で喘ぎます。その反応に気をよくした私は、さらに奥へと指を挿し入れました。膣孔は深く、どこまでも指の侵入を受け入れます。肉のトンネルは母の体内深く、私を育てた子宮にまで続いているのです。知識としては知っているし、解剖図のようなものも見たことはありますが、実際に指を挿し入れて初めて実感できることもあります。

指ではなく、ここにペニスを入れたい！　不謹慎でも不健全でもなんでもいい。とにかく、ここに自分のモノを突っ込みたい。私は強くそう思いました。

「ねえ、お母さん。入れたいんだけど。ここに、ぼくのを……」

母は身を起こして私を見つめ、にっこりと微笑みました。

「いいよ。来て！」

やはりどこまでも優しい母でした。母は大きく脚を開き、その股ぐらに私を誘いました。私は導かれるままに、膨張した亀頭をうるおった膣口に押し当てました。粘膜と粘膜が密着して、体液がぬるぬると馴染みます。

腕立て伏せの体勢で腰に体重を乗せると、ペニスがヴァギナに侵入していきました。膣口が亀頭を呑み込みます。じわじわと、ペニスが温かいものに包まれていきます。指では感じられない温かさでした。外皮におおわれた指先よりも粘膜の亀頭が温度にも刺激にも敏感なのは当然です。

「温かい。というか、熱いくらい……」

私は思わずつぶやきました。ペニスだけが温泉にでも浸《つ》かっているような感じ、と言えば伝わるでしょうか。

「それが女の体なの。これがセックス。ねえ、素敵でしょう？」

確かにすばらしい感覚でした。恋愛やセックスに熱心だった母世代の気持ちがわかるような気がしました。

「もっと奥まで来て！　深いのが気持ちいいの。深いのが好きなの」

それは私が望むことでもありました。母に請《こ》われるままに、さらに体重を乗せて腰を突き出しました。

「ああ、ああん。そう、それ、気持ちいい……！」

ペニスが深く膣に呑み込まれ、亀頭先端が膣孔最奥部に届きました。確かに行き止まりに当たっている感覚がありました。

「ああ、ああん、はぁあ……！」

母が腰をくねらせながら、切なげに可憐《かれん》な喘ぎ声をあげます。腰の動きで挿入が浅くなります。いまにも抜けそうで、離れたくなくて、私は母の腰を抱え込んで再び深く挿入させました。

「ああ！」

母が背筋を大きくのけぞらせて喘ぎました。私の動きははからずも母に快感を与えたようでした。私にとっても、肉を貫くときに陰茎全体が膣内でこすれる感触はとても気持ちがいいものでした。

のけぞり暴れる母の動きで、またペニスは抜けそうになり、離れたくない私が母の腰を抱え込んで再び突き入れ、その突きでまた母が腰を暴れさせる。その繰り返しです。

そんなふうにして、ピストンが始まりました。

「ああ、すごい。すごく気持ちいい。じょうずよ。そんなの、誰に教わったの？」

母が可憐な喘ぎ声とともに身悶《みもだ》えしながら、私を見つめて言いました。

別に誰かに教わったわけではありません。自分が気持ちよくなりたい、できれば相手も気持ちよくさせたい、という思いで動いただけでした。

でも確かに、だんだんと快感のコツがつかめてきたようでもありました。母の腰を抱え込み、うねりにタイミングを合わせてリズミカルにピストンすれば、安定的な快感が得られました。

私は夢中になって腰を振ってピストンを続けました。ピストンすればするほど、快感がどんどん増していきます。

はたから見ればずいぶん滑稽《こっけい》な光景だろうなと頭の隅で思いましたが、だからといってやめられるものではありません。人の尊厳も何もかなぐり捨てて、ねじ巻き人形のようにピストンを続けました。

「ああ、気持ちいいよ。すごい。ホントにすごいの……お母さん、もう、どうにかなっちゃいそう！」

それは私にも同じでした。膣内の肉壁が陰茎全体にまとわりつき、呼吸でしょうか、それとも脈動でしょうか、とにかく母の体や腰の動きとは別に、膣壁がうごめいて、それがペニスを締めつけるのです。

突き入れるペニスの角度もピストンごとに微妙に違いますから、刺激のバリエーションは無限大に近いものがありました。自分が気持ちいい角度、母が反応する角度を探しながら、私はいつ果てることもなくピストンを続けました。

「ああ、あん。ああ、ああ！」

母の可憐な喘ぎ声はどんどん大きくなり、隣室に聞こえてしまうのではないかと心配するレベルでした。

でも、もうそんなことはどうでもいいと私は思いました。隣人に母と息子の母子相姦がバレたからといって、それで世界が終わるわけではありません。そんなことよりも、喘ぐ母をこの腕にしっかりと抱き締め、母といっしょに快楽の果てに至ることのほうがずっと大切なことだったのです。

「ああ、もうダメ。ダメダメ。もうダメ。あのね、お母さん、イクかも。イッちゃうかも……！」

母の喘ぎ声が明らかに転調しました。か細さや可憐さはそのままに、そこに獣じみた荒々しさが加わりました。体のうねりや痙攣もより大きくなり、腰を抱え込む私の手をはねのけるほどになりました。

聖母の本性とでも言えばいいでしょうか。慈愛の奥には、こんなにも荒々しい生命の迸《ほとばし》りが隠れていたのです。

母は、とまどう私の肩に手をかけるとグイと引き寄せて、今度は唇を奪いにきました。

「んぐ、んぐ……！」

噛みつかんばかりの激しさで母が私の唇に吸いつきました。舌が挿し込まれ、私の口腔内で暴れました。私も負けじと舌を絡ませます。

溢れる唾液が母に吸いとられます。私も母の唾液を吸って飲み下しました。お互いの唾液が混じり合って泡立ち、飲んでも追いつかない分が口の端からこぼれます。

それでもキスごときでピストンを止めるわけにはいきません。母に下から抱きつかれてすでに腕立て伏せの体勢を保てず、私は膝に重心を移して、なんとか腰の自由を保ちながらピストンを続けました。

汗ばんだ全身がぬるぬると密着し、このまま二人の肉体がドロドロに溶けて、一つの肉塊になってしまうのではないかという妄想が頭をかすめました。

母の動きはいっそう激しさを増して、組み伏せることが難しいくらいでした。絶頂が近づいているのでしょう。私自身も腰の奥に射精の予兆を感じていました。

「ああ、イク。イク……！」

母はひときわ大きな声で喘ぐと、息を呑んで黙り込みました。同時にビクンと動きが止まります。私の下で母の体が棒でも呑み込んだようにぴんと伸びて固まりました。絶頂でした。肉体の凝固は膣にも及び、ペニスがぎゅっと絞めつけられました。それで私もイキました。尻を蹴飛ばされたような衝撃とともに、激しく射精しました。膣壁が陰茎を締め上げて、精液を一滴残らず絞り尽くそうとしているみたいでした。

私たちはがっくりと脱力して、ベッドに並んで寝転びました。起き上がろうにも起き上がれないくらいに幸福な倦怠感《けんたいかん》に包まれていました。母も同様だったようで、ずいぶん長い時間、そうしていたと思います。

しばらくして、母が半身を起こして私の顔をのぞき込みました。

「ごめんね……いまだから白状するけど、ずっと、こうなりたかったの。お母さん、あなたとセックスしたかったの」

思いがけない母の告白に私は返す言葉を持たず、黙り込むしかありませんでした。うれしくないわけではないのですが、素直に喜べないものでもありました。

以来、肉体関係は続いていて、私は月に一度上京する母とのセックスにふけっています。頭ではいけないことだとわかっているのですが、母の肉体の魅力にあらがうことができないでいるのです。

そろそろ就職のことを考えなくてはならない時期です。母は当然私が郷里に帰っていっしょに暮らすものだと思っているようです。

私としては、東京で就職して今度こそ母と距離を置きたいと考えています。この機会を逃せば、一生母から逃れられないのはわかっているのです。

でも、母と抱き合っているときなど、これが一生続くならそれも悪くないと思ってしまうこともあります。私はどうするべきなのでしょうか。

もうすぐ古稀《こき》を迎える父が五年前に再婚をし、今年五十歳になった亜耶《あや》さんが後妻として同居するようになりました。私より十四歳年上の亜耶さんは、肌がきれいなので多少は若く見えるものの、体はブリンブリンの豊満体型。若い細身の女が好きな私には、ただのおばさんとしか映っていませんでした。

その意識が変わったのは半年ほど前、亜耶さんのスマホを盗み見たのがきっかけでした。亜耶さんがスマホを忘れて外出したことがあり、なんとなく手にとったところ、ロックがかかっていなかったのです。

父がスマホ音痴なので油断したのでしょう。つい出来心を起こして通信アプリを開いてみると、見知らぬ男の名前があり、その男からたくさんの動画が送られてきているのがわかりました。

再生してみて驚きました。

動画の内容は、いわゆるハメ撮りで、生白い裸身をさらした亜耶さんが、男に突かれて喘ぎ悶えているのです。

男にSっ気があるのか、「淫乱」だの「浮気女」だのと卑猥で侮蔑《ぶべつ》的な言葉を投げつけられ、ときに頬や胸を引っ叩《ぱた》かれながら、しかし亜耶さんは陶然《とうぜん》とした表情で感じ狂っているのでした。

ほかの動画も確認してみると、ときには縛られたまま犯されている映像もあり、亜耶さんはとんでもない変態女だと確信するに至りました。

ふだんは気のいいおばさんにしか見えない亜耶さんの意外な一面を知った私は、激しい興奮を覚えました。まったく好みではなかった完熟した肉体が、急に色気のあるものとして感じられ、股間のこわばりを禁じえなくなりました。

おそらく、父はもう男としての役目を果たせていないのでしょう。

そのために欲求不満となった亜耶さんが外で欲望を満たしているのだとしても、別にとやかく言うつもりはありませんでした。

ただ、一度だけ味見がしたいと思ってしまったのです。

私は何本かの動画を自分のスマホに転送し、亜耶さんのスマホからその送信履歴を削除しました。

そのうえで亜耶さんをじっと観察し、あらためてこのチャンスを活かすべく、虎視《こし》眈々《たんたん》と機会をうかがうようになりました。

味見決行の日はほどなくして訪れました。

居間に三人で座れるソファを置きたいという話になり、父に留守番を頼んで、私と亜耶さんとでミニバンを駆ってホームセンターへ行くことになったのです。

私は行きの車をひと気のない林道で停めると、スマホを出して亜耶さんに動画の件を打ち明けました。

亜耶さんはひどく狼狽《ろうばい》しましたが、私が単刀直入に「一度でいい。亜耶さんの体を自由にさせてくれ」と告げると、しばらくじっとうつむいたあと、「そうしたら、あの人には黙っててくれるのね？」と事実上の承諾をしました。

赤く上気して瞳をうるませるその顔を見た私は、たまらず助手席の亜耶さんにおおいかぶさっていきました。

この日の亜耶さんは麻混《あさこん》の涼しげなノースリーブワンピースを着ていました。

濃紺の生地の前面に上から下までボタンが一直線に並んでいて、そのすべてをはずせばほぼ一枚の布になってしまうようなものでした。

　私は亜耶さんにかぶさる動作の中で助手席のシートを倒し、まずすそから出た丸い膝に手を当てて亜耶さんの顔を見おろしました。

「案外、動揺してないんだね」

　そう聞くと、亜耶さんは「そんなことない。ただ、いつかこんな日が来ると思ってただけ」と意外なことを言いました。

「へえ、自意識過剰だな」

「そうなのか、な……でも最近の圭司《けいじ》さん、ずっと私のこと、いやらしい目で見てたでしょう?」

　スマホの動画を盗み見て以来、私は確かに亜耶さんを頭の中で犯しつづけていました。バレていないつもりでしたが、女はそういう視線に敏感な生き物なのかもしれません。

「まあ、あんな動画見ちゃったら、そりゃエロい目で見るようにはなるよ。男に引っ叩かれて、ひどいこと言われながらガンガンやられて、よろこんじゃってんだもんな」

　わざと意地悪く言いながら、いちばん下のボタンをはずし、手を太腿の半ばまですべらせました。

「そんな……私がいま、どんなに恥ずかしい思いをしてるかわからないんでしょう？」

「いや、マゾだから恥ずかしいのがたまらないんだろ？」

手を太腿の半ばまで一気に突っ込み、すでに汗ばみはじめている肉をつかみました。

ワンピースが下腹のあたりでしわを寄せてわだかまり、亜耶さんが眉を八の字にして口を半開きにしました。

「おいおい、もう感じてんのか？　まさか義理の母親がこんな淫乱マゾだったなんてな」

動画の中の男をまねて言葉責めをしてみると、自分で自分の発した言葉にさらなる興奮を覚えました。

「まさか、これだけで濡れちゃってるなんてことはないだろう？」

言いながら指先をパンティにふれさせました。ビクッと身をふるわせた亜耶さんが、少し顎を上げて下唇を噛み、両手でワンピースのすそをギュッとつかみました。

指をさらに押し込みます。

「ヌルヌルしてるのがわかるぜ。まだ何もしてねぇのに、どんだけスケベなんだよ、この変態！」

気持ちの昂《たかぶ》りにつれ、言葉がどんどん乱暴になりました。

勢いに乗った私が手首を立てて布越しにワレメをなぞり上げると、亜耶さんが「あっ」と切なげな声を洩らしました。

視線を落とすとワンピースが股間までめくれ上がり、黒いパンティに私の指が深く喰い込んでいるのが見えました。その指先が愛液で鈍く光っています。

「家じゃ猫かぶってたんだな。親父はまったく知らねぇのか？　あんたがこういう女だってこと」

「い、言わないで……あの人は……知らなくていいの……お、お願い……」

目をトロンとさせた亜耶さんが息を乱しながら言いました。

「わかってるよ、そんなことは。俺にはちゃんと本性を見せろよっていう話だ」

私はもう一方の手で、今度は胸元のボタンをはずしていきました。

すぐに黒いブラに包まれた豊乳の谷間が顔をのぞかせました。目測ではGカップはありそうでした。

「エロいブラジャーつけてんな。今日こうなるって期待してたんじゃねえのか？」

そのブラは総レースで、乳首が透けており、興奮でとがり立ったそれがビョコンと突起していました。

「もうこんなに乳首立たせてよ。義理の息子にいじられて、オマ〇コはビショビショ、乳首はビンビン。しかも、もっと滅茶苦茶にしてほしいってんだろ？」

言いざまにブラのカップをずり上げ、揺れて飛び出した豊乳をわしづかみにしました。同時にパンティの腰ゴムのところから手を突っ込み、濡れたヴァギナに指をすべり込ませました。

かぎ状にした指がニチッと粘着音を立てて膣内にもぐり込みます。

「あんっ！」

亜耶さんがシートから跳ね上がるようにして叫び、自分で自分の口を押さえました。

「もっと本性見せろって」

私は乳首に吸いつきながら、膣内に挿入した指を小刻みに動かしました。

「だ、だめっ……ああっ、イッちゃう！　弱いの！」

亜耶さんが必死の声をあげ、私の手を押さえながら四肢を突っ張らせました。

わずかな時間にもかかわらず、ほんとうに絶頂してしまったようです。

挿入した指がジワッと強く締めつけられ、おそらく潮なのでしょう、溢れた液体で手のひらがビショビショになっていました。

行き当たりばったりにしては上々の成果で、私は非常に満足しました。やはりこの女は本物だという実感がわき、次のお楽しみへの期待をいやが上にも高まらせました。

そこでまずはホームセンターへ行き、手早くソファを買って車に乗せたあと、ラブホテルに入って続きをすることにしました。林道に停めた車の中ではここまでが限界だったのです。

安ホテルのチープな内装を背景にして見る亜耶さんは、これが義理の母なのだと思うとなおさらいやらしく見えました。しかも変態であることが確定していて、義息である私にヤラれるためにここにいるのです。

緊縛のやり方がわからない私は、ホームセンターで買っておいたおもちゃの手錠を取り出すと、彼女を後ろ手にしてはめてみました。

そのとたん、亜耶さんの顔つきが変わりました。

家にいるときのおばさんの顔から、完全なメスのそれになったのです。

この顔だ……と思いながら、私は立たせたままの亜耶さんをじっくりと視姦しました。もしも私の知人に亜耶さんを見せたら、「何の魅力もないただの年増」と言われると思います。以前の私なら同意していたでしょう。しかし、あの日動画を観て以来、なぜかその価値観が揺らいでいました。

その理由の一端が、このメスの顔つきにある気がしました。

「不思議なもんだよな、女ってのは……」

しみじみと言いながら亜耶さんの周囲をぐるりと回り、ケツを軽く叩いたり、顎を持ち上げたりしてみました。そのたびに亜耶さんはピクッ、ピクッと身をふるわせ、目にグッと力を込めたり、急にスッと細めたりしました。

私は激しく勃起していました。

「手錠かけられちゃって、どんな気分だ？　ヤラれる期待でまた濡らしてんだろ？」

言いざまにケツを引っ叩くと、亜耶さんが唇をふるわせて「……はい」と答えました。

敬語になっているのは、マゾのスイッチが入ったということなのでしょう。

ゾクゾクと嗜虐的《しぎゃくてき》な気分をあおられた私は、亜耶さんの正面に立つと、じっと目をのぞき込みながらブラウスのボタンをすべてはずしました。

黒いエロ下着に包まれた生白いボディが露《あらわ》になり、亜耶さんが下唇を噛んでうつむきました。

「発情したメス豚に、ご奉仕してもらおうか」

ズボンとパンツを脱ぎおろし、硬くなったものを露出しました。亜耶さんがまた「はい」と言って、床にひざまずき、上目づかいで私を見ながら亀頭に唇をかぶせました。

竿が根元まで口内に含まれ、温かい粘膜がその全体を締めつけてきました。

たぶんうまいんだろうなと思っていた亜耶さんのフェラは、絶品でした。

こんな普通のおばさんが人しれず変態で、風俗嬢並みのフェラテクを持っているという事実に興奮が倍増しました。

「のどの奥まで犯してやるよ」

亜耶さんの頭をつかんで腰を突き出すと、亜耶さんがグエッと嗚咽《おえつ》して背中を丸めました。しかしフェラチオをやめようとはしませんでした。

「なあ、息子のチ○ポ美味いか？」

ニヤつきながらそう言うと、亜耶さんが顔をゆがめて泣きそうな表情を見せました。

私は両手をおろして亜耶さんの乳房をつかみ出し、乱暴にもみしだきました。

「息子のチ○ポしゃぶって乳首おっ立てて、いまさら人間ぶるなよ、肉便器。だいたい親父とは違う男に調教されてよ、あんな動画まで撮らせるとか、まともじゃないんだよ」

ふだんの私はこんな口の利き方をする人間ではありません。しかし、ヨダレを垂らして奉仕を続ける亜耶さんを見ていると、サディスティックな欲求が際限なくわいてくるのです。

「ほら、淫乱メス豚、ケツ穴も舐めてみろ」

亜耶さんの顔を跨《また》いで肛門を顔に押しつけました。間を置かず肛門に生温かい舌が押し当てられ、しわを伸ばすようにうごめきだすのが感じられました。

世の中にこういう女がいるということは知っていましたが、実際にこうなってみると、夢でも見ている気分でした。だからこそ、さほどややこしいことを考えずに楽しめたんだと思います。

後ろ手に手錠をしたままの亜耶さんを床に転がし、うつ伏せにしてケツを高く突き出させました。まとわりついているワンピースを背中までまくり上げてパンティを剝きおろし、後ろからケツ肉をつかんで左右に大きく開きました。

「こっちは処女なのか?」

言いざまに肛門へ指を当て、軽く中へ押し込みました。

「ああっ、そ、そこは……そこは堪忍《かんにん》してください!」

亜耶さんが顔を振り向け、必死の形相で言ってきました。しかしそれが本音なのか、それとも無理やり責めてほしいのかが、私にはわかりませんでした。

「そんなこと言って、マ○コはビショビショじゃねえか。あの男にケツの性感も開発されてるんじゃないのか?」

「ち、違います! そこは……そこはまだ誰にも……ああっ」

有無を言わさず指を第一関節まで入れたとたん、亜耶さんが横へ倒れて逃げようとしました。

どうやらほんとうに肛門は未経験のようです。

私は指を抜きとると、パンティを完全に脚から抜き去って、今度はヴァギナに唇を押し当てていきました。

陰唇の大きな肉裂にわだかまる愛液を舌ですくうようにして舐めていると、亜耶さんが「い、イッちゃう！」と高い声をあげて拳を握りました。

「だめだ、勝手にイクなよ」

言い置いてケツを引っ叩き、さらに念入りに舐め込みました。

「勝手にイッたらお仕置きだからな」

念を押しつつ指を三本まとめて亜耶さんのヴァギナへ埋没させました。そしてGスポットをクンクンと連打し、そうしながらケツを何度も打ち叩きました。

「ああ、も、もう……き、気持ちイイッ！」

亜耶さんが背中を波打たせました。

「あきれた感じやすさだな。まだだぞ！」

「ああ、ダメッ……イクッ……イカせて！」

「ケツ穴を犯すからな」

「ひぃぃっ、許して……堪忍してください！」

叫ぶ亜耶さんの完熟したデカ尻がブルブルひきつり、ヴァギナから大量の潮が噴き出しました。

「あはぁっ！」

後ろ手の亜耶さんがそのままベチャッと前につぶれ、床の上でヒクヒクとわななきました。

「あーあ、やっぱりケツの処女をいただこうかな」

「そ、そんな……それだけは許して！」

亜耶さんが震え声で叫び、胎児のように丸まりました。

「だったらこうだぜ」

私はひそかに考えていたことを実行に移しました。床に放ってあったズボンのポケットからスマホを取り出し、動画で亜耶さんを撮影しはじめたのです。

あわてて顔を隠そうとする亜耶さんを無理やりにあおむかせ、顔に跨《また》がってフェラチオをさせながら、アップで表情を撮りました。

「んむうぅっ」とうめく亜耶さんの乳房をもみ絞り、先端をつねり上げると、亜耶さんはグウッと背中をそらせました。

「そうそう、こうやって凌辱されてよろこぶマゾ女だもんな」

まるで私はあの動画の中の男そのものでした。

しばらく顔を撮ったあと、シックスナインの体勢でおおいかぶさり、指でヴァギナをかき回しながらその部分を接写しました。

グチュグチュという粘着音と亜耶さんのメスの声が卑猥な二重奏を奏《かな》でます。

「よし、起きろ」

撮影を続けたまま亜耶さんを引っぱり起こし、ベッドへ移動させました。

「あんたの大好きなハメ撮りだよ、お義母《かあ》さん。息子に犯されてイクところをしっかり撮ってやるから、ありがたく思えよ」

私は全裸になり、片手にスマホを持ったまま、あおむけに寝かせた亜耶さんを正常位で犯し貫いていきました。挿入の瞬間、クラッとめまいを覚えるような異様な種類の興奮があり、自分の罪深さに陶然となりました。

亜耶さんも同じように感じたのでしょう。一気に奥まで貫かれるなり、激しい反応を見せました。

「あぁっ、は、入ってる……入ってる――っ!」

身をよじり、脚をばたつかせ、半狂乱という感じで暴れるので、本気で押さえ込まなければなりませんでした。まるで本物のレイプです。

やむをえずスマホを横の棚に置くかたちで撮影を続けました。これだと私の姿も映ってしまうのですが、仕方がありません。

「息子に犯されてそんなにいいのか？　おい、コラ、おとなしくしろ！」

軽く頬を張り、髪をつかんで唇を唇でふさぎました。亜耶さんの舌が私の舌に絡みつき、膣の粘膜がウネウネとわななきました。

義母とのキスは、クンニリングスやフェラチオなどとは、また別の背徳感がありました。唾液の交換をしているのがなんとなく気持ち悪いような気がしてくるのに、なぜか快感は逆に増すのです。

これが近親相姦というものなのかと少し怖くなりつつ、私はピストンを送り込みつづけました。

「あぁイクッ……ダメ、またイッちゃう！　圭司さん……アアッ！」

私の名前を叫び、腹筋をふるわせる亜耶さんが燃えるような目で私を見つめてきました。ゾッと寒気を覚えるほどの色気でした。

「チ○ポいい！　圭司さんのチ○ポいいの！　もっと……もっと犯して！」

「なんて下品な女なんだ、あんたは。それが息子に言う言葉かよ」

「ああっ、だって……だって気持ちイイッ！」

別人のようになって言いつのる亜耶さんを横向きにし、横臥位《おうがい》で抜き差しを続けました。

続く後背位ではケツを両手で乱打し、スマホに顔を向かせて、「私は義理の息子に犯されてイキくまる変態メス豚です」と言わせました。

家で父が待っていることを思うと罪の意識にさいなまれましたが、亜耶さんの迫力、そしてむせ返るようなフェロモンに引っぱられるかたちで次の体位に移りました。

亜耶さんを後ろから引き起こし、背面座位になって、真下から串刺しにしたのです。自ら腰を弾ませる亜耶さんの乳房を背後からもみ回していると、汗だくの肌同士がヌルヌルとこすれ、互いの体臭が混ざり合いました。

こんなことをしていいんだろうかという疑問がいまさらながらにわいてくるのですが、体は勝手に動きつづけました。

亜耶さんが手錠をガチャガチャと鳴らしながら、また絶頂に達しました。

プロの女を相手に遊ぶときにはこんなに体位を変えたりしません。しかし亜耶さんとの情事はこれ一度きりと決めていた分、とことんまで味わわないではいられませんでした。

とはいえ、私にも限界が近づいていました。ずっと射精ギリギリのところで耐えていたのです。

亜耶さんをあおむけに戻し、再びの正常位で一気にスパートをかけました。

せっかくのマゾ女を前にして手錠と言葉責めくらいの責め方しかできなかったのは、多少残念な気もしました。しかし、SMマニアというわけではない私にとって、大事なのは亜耶さんの本性をこの目で確かめ、自分なりに味わい楽しむことでしたから、その意味では十分にたんのうできたと思います。

好みではなかった豊満な熟女に若くて細い女にはないおもしろさがあることもわかりましたし、反応のものすごさにも興奮させられました。

そしてなにより、生まれて初めて経験した近親相姦の、肉体だけではなく精神にまで深く喰い込んでくるスリリングな快楽……この妙味を知ることができたのは僥倖《ぎょうこう》でした。

そんな熱い体験も、もう終わりです。

まだ狂ったように絶頂している亜耶さんに「おい、イクぞ」と告げた私は、亜耶さんの両膝の裏をつかんで激しく腰を打ちつけ、トドメの絶頂を味わわせたところで、彼女のわななく腹の上へ思いきり精液をぶっかけてやったのです。

その後、何食わぬ顔で家に帰った私たちは、買ってきたソファを居間に設置し、父のよろこぶ顔を見てそっと安堵《あんど》の息を吐きました。よく見ると亜耶さんの手首にはまだ手錠の痕が残っていましたが、父は気づいた様子もありませんでした。

あれから数カ月——。

亜耶さんとした「一度だけ」という約束はまだ守っています。撮影した動画を見返すたびにあのときの興奮が蘇《よみがえ》ってしまうのは悩ましいですが、私としては今後も手は出さないつもりです。

ただ、最近になって亜耶さんがやたらと思わせぶりな目で見つめてくるのが気になっています。向こうが何を考えているのかは想像に難くありません。プロと遊ぶ金もバカになりませんし、いっそ身近な肉便器で用を足してしまおうか……そんな誘惑と日々たたかっているこのごろです。

勉強が手につかぬほど性欲に悩まされた私は母のお尻に欲情し、無意識に抱きついて……

山崎春彦　会社員・四十一歳

これは私が若かったころの思い出話だ。思い出話といっても、淡い、セピア色のような、もやのかかったおぼろげな記憶ではない。

まるで昨日の出来事のように鮮明に思い出せる、一生忘れることのない記憶だ。

当時私は大学受験に失敗して浪人をしていた。一日の大半を自宅の勉強机に向かいひたすら受験勉強に励んでいた。友人にも会わず、ほとんど外出すらしなかった。

そんなに努力しているのに、模試ではなかなか志望校のランクに届かない。

原因ははっきりしていた。十九歳だった私は、性欲が最も旺盛《おうせい》な時期で、勉強中さえ淫らなことで脳内がいっぱいになっていた。ただ机に向かっているだけで、どうにも集中力が続かないのだ。あせればあせるほど、もやもやと性欲がふくらんでくるのだ。

当時の私は童貞で、もちろん女性とつきあったこともなかった。だから性欲を解消する手段はオナニーしかない。一度するとクセになって、何度も何度もくり返した。「オナニーは一日に三回まで」と目標を立てたが、守れたためしがなかった。

夏ごろになると、寝ても覚めても考えるのはスケベなことばかりになり、ますます勉強に身が入らなくなってしまった。テレビの女性芸能人や女子アナを見ても、服を脱いだところばかり想像してしまう。エロ本はすべて捨てたが、高校の卒業アルバムを見てかつてのクラスメイトの女子を片っ端からオカズにするというありさまだった。

さらにまずいことに、私の性欲は身近にいる母親にまで向いてしまったのだ。

私の母は当時、四十三歳だった。年齢のわりにはルックスも若くて、体つきもほどよく脂がのってむっちりと色っぽい。おまけに息子である私の前だとまったくの無防備で、風呂上がりにバスタオル一枚の姿で現れたりすることもよくあった。

そんなときには、わき上がる性欲を抑えて平静を装《よそお》うのに必死だった。

だが、いよいよ爆発寸前の状態にまで陥《おちい》ってしまった。このままでは母に襲いかかってしまうのではと、不安になるほどだった。

そしてとうとう、その不安は的中してしまったのだ。

夜中まで勉強をしていたある日、私は疲れた頭を冷ますために冷たい飲み物を求め、一階の冷蔵庫のある場所まで降りていった。

そこでばったりと、母に遭遇してしまったのだ。母は寝るときにはTシャツで下は下着だけという姿。シャツの下からは、ベージュ色のショーツがのぞいていた。

「あら、春彦《はるひこ》ちゃんもノドが渇いたの？」

「う、うん……」

母は自分の姿をまったく気にすることなく、先に冷蔵庫を開けて飲み物を取り出そうとした。

かがんだ母のお尻に目が釘づけになった。お尻の割れ目がベージュのショーツ越しにはっきりと見えていて、やわらかそうなお尻の肉もたっぷりはみ出ていた。

まるで催眠術にかかったように、私はフラフラと近づいていてしまっていた。

「キャッ……！」

悲鳴をあげる母の声で私は我に返った。

私は無意識のうちに母の背中に抱きついてしまっていたのだ。

あわてて手を離したが、驚いた母の顔を目にして、その場で立ちすくんでしまった。

私は、絶対にやってはいけないことをやってしまったのだ。

そんな私に母は怒ることも逃げることもなく、優しく話しかけてくれた。

「どうしたの、急に……」

私は何も言えないまま立ち尽くすのみ。しかも、股間を押さえて隠していた。母のお尻に欲情して興奮状態だったのだ。わけなど話せるわけがない。

「もしかして何か悩みごとでもあるの？　言ってごらんなさい」

普通ではない私の様子に母も気づいたのだろう。親身になって心配してくれる母に私もようやく意を決し、自分が抱えていた悩みを打ち明けた。

ふだんから淫らな妄想ばかりして、勉強にも集中できないこと。それが日に日に強まり、とうとう我慢できなくなったこと……私の告白に母は少しとまどいを見せながらも真剣に耳を傾けて、深くうなずいてくれた。

「やっぱりね……ずっと思いつめた顔をしていたから心配だったの」

母が自分のことを異常者扱いせずに受け入れてくれて、私はほっとした。ほとんど泣き出しそうなくらいだった。そんな私に、母はなおも同情の態度を見せてくれた。

「そうよね、まだ若いから性欲が溜まるのも当然よね……」

そう言って母は驚きの行動に出た。なんと私の目の前で、突然シャツを脱ぎはじめたのだ。シャツの下にはブラなどはつけておらず、生の乳房がまろび出た。

「ちょ、ちょっと、母さん……！」

驚く私を尻目に、母はショーツまで脱いで生まれたままの姿になってしまった。

「ごめんなさいね。ずっと悩んでいたことに気づいてあげられなくて。お母さんでよければ……勉強に集中できるように協力してあげる……」

そう言って母は、私に肉体を誇示するように迫ってきたのだ。

私は混乱した。母の裸を見るのは、その何年ぶりのことだっただろうか。幼いころにはいっしょにお風呂にも入っていたが、そのときよりもずっと成熟した、熟れた肉体になっていて、それがたまらなく煽情的だった。

母は裸のまま、私に抱きついてきた。興奮で心臓が止まりそうだった。

血の繋がった肉親に興奮するなんておかしなことと思われるかもしれないが、この豊満な肉体に抱きつかれて発情しない男など、この世にいないと断言できた。

それほどまでに母の体はやわらかかった。そして寝る前にお風呂に入ったばかりだから、いい匂いもした。それがさらに、私の理性を狂わせた。

私は手を上げて、母の胸をもんだ。母の乳房は白くて大きく、なにより信じられないほどやわらかかった。当時の私は女の体というものを知らなったから、そのやわらかさに、大げさでなく目まいがするほどだった。

「あ……ん……」

驚いたことに、目を閉じた母の口から悩ましい吐息が洩れた。母とはいえ、自分が女性を感じさせたという事実に驚いた。私の興奮は、もう止まらない状態になっていた。それまでに経験したことがないほど勃起して、痛いほどだった。

「ほ……ほんとうにいいの？」

興奮で唇をふるわせながら私がたずねると、母はゆっくりうなずいてくれた。

私は居ても立ってもいられなくなった。これまで我慢に我慢を重ねていただけに、母の誘惑にはとうてい、あらがえなかった。まずは母の体から離れ、自分も裸になった。

着ていた部屋着をもどかしく脱いで、下着も剝ぎとった。実の母に勃起したペニスを見られ、さらに興奮が増した。ジンジンと心臓のようにペニスが脈打った。

そうして、まずは母の豊かな胸にむしゃぶりついた。やり方がわからないなりに、乳首に舌を這わせて刺激してみた。心なしか、母の吐息が大きくなった気がした。

乳首を吸いながら、母の体の全体をなで回した。やわらかな肌の甘い匂いは、ますます私を狂わせた。夢中で吸ったから、母は、乳首が痛かったかもしれない。でも、そんなことはおくびにも出さず、私のやりたいようにさせてくれた。

「んっ……ああ、はあ……！」

「はあ、はあ、はあ……！」

母の吐息と私の鼻息が、どんどん荒く大きくなった。私はふと、不安になった。

「ねえ……父さんにバレちゃうかも……」

私がそう言うと、母はにっこりと笑った。

「今日は、出張よ。勉強に夢中で、それにも気がついてなかったのね……」

ほんとうのことを言えばオナニーに夢中で気づいてなかったようなものだったが、とりあえずは胸をなでおろした。どんなに大きな声を出しても、家の中にいるのは私と母の二人きりなのだ。そう思うと、急に大胆な気持ちになってきた。

「ねえ、母さん……俺、女の人のアソコを見てみたい……」

いやがられたらどうしようと思いつつも、お願いせずにいられなかった。笑われるかもしれないが、童貞の私にとってそれは悲願だったからだ。十九歳で、童貞で、浪人生などやっていると「自分は一生、セックスができないのではないか」という気持ちになってくる。とにかく、母親のものでもいいからオマ○コを見たかったのだ。

母は、家の食卓の椅子に腰かけた。そして片脚だけを椅子にのせた状態で、開脚してくれた。丸見えだったが、室内には薄暗い明かりがついていただけなので、顔を近づけなければ細かい部分までは見えない。

私は唾を呑み込んでしゃがみ、母の両脚の間に顔を突っ込んだ。

「そんなに近くで……母さん、恥ずかしい……」

母はそんなことを言いながら、まんざらでもない様子だった。私はそんな母を見て「かわいいな」と思えた。すでに、肉親ではなく一人の異性として見ていたのだ。

そして目の前にある、生まれて初めて見るオマ◯コを凝視した。

黒々とした繁みの奥に、肉厚な縦のスジが見えた。いま思えば、母の股間は肉づきがよかった。かなり開脚した状態でも、ぷっくりとした左右の肉が、ほとんど閉じている状態だったのだ。

「奥まで、見せてほしい……」

私がそう言うと、母は右手でオマ◯コに手を伸ばした。そして人差し指と中指と薬指の三本を縦の筋の割れ目にあてて、上下になぞるような仕草をしてみせた。

こんなふうにオナニーをすることが、母にもあるのだろうかと、親のプライベート中のプライベートをのぞき見た気持ちになって興奮した。それだけの動きで、母の指は少し濡れたように見えた。その濡れた指で母は左右の肉を押し広げていった。

「んっ……！」

母が少し声を出した。出すまいとしているのに出てくるような、そんな声だ。

私はさらに顔を近づけた。人差し指と薬指が開いた間に、鮮やかなピンクの空間が広がっていた。周辺の部分は、紫がかった濃い色をしていたが、内側は驚くほど鮮やかなピンク色をしていた。

肉がヒダになって、内側に向かって折り重なっているように見えた。そしてその奥に広がった部分があるのまで見えた。うっすらと、潮の匂いがした。

近づけた顔に、熱気があたるような感覚があった。まさか母の敏感な部分がそこまでほてっていたとも思えないが、そのときにはそう感じたのだ。

「ここが……気持ちいいの……」

母はそう言って、人差し指と薬指で分厚い左右の肉を固定して、真ん中の中指を使って女性器の上の部分を刺激してみせた。中指の指先が、ピンクのオマ◯コの中でも特に鮮やかな、ほとんど透明感まである突起の部分をつついていじったのだ。

「んっ、あっ……感じてきちゃう……！」

自分で刺激しながら、母の体は軽くのけぞった。両脚が震えて、太腿の肉が揺れていた。

私は息を止めて、目の前の光景をひたすら見つめていた。

私は母の両脚を自分の両手でつかんだ。そして顔をさらに前に突き出して、口から舌も突き出した。舌の先端が、母が中指で押さえている突起にふれた。

「ああっ、あああっ……！」

母の脚だけでなく、体全体が大きく揺れた。ただ舌先がふれただけで何もしていないのに、そうなったのだ。私はさらに、舌先をめちゃくちゃに動かした。舐め方も何もわからないので、そうするしかなかったのだ。

「んっ、ああ、だめ、ああ……！」

母の声がどんどん大きくなっていく。私は、舌どころか顔面全体で母の股間を刺激していた。母の蜜がどんどん溢れてくるのがわかった。女性器ってほんとうに濡れるんだと感動して、ますます責めが激しくなってしまった。

突起を唇で甘噛みするように挟んだり、分厚い左右の肉に食いついたりした。

「あ、んんっ……！」

母の吐息がどんどん悩ましくなっていく。母のこんな声を聞いたことがない。自分でもよくわからない興奮状態になって、夢中で目の前のピンクをむさぼりつづけた。

「ちょっと、痛いかも……」

「ご、ごめん……」

苦しそうな母の声に、私はようやくはっと、我に返った。

そして、自分がしていることがあらためて恐ろしくなった。自分がオマ◯コを舐めている相手は、血の繋がった実の母なのだ。

「ねえ、こんなの、ほんとうに、いいのかな……？」

私がとまどっていると、母はにっこり笑ってこう言った。

「お母さんからも、お返し、してあげなくちゃね……」

母は椅子から降りて、私を逆に椅子に座らせた。そしてさっきと反対に、私の両脚の間に顔を突っ込んできたのだ。

そのときになって気がついたのだが、私のペニスはそれまで経験したことがないほどみなぎって、破裂しそうなほど怒張していた。

びくびくと、意志とは関係なく勝手に脈打ってしまうのだ。

「こんなに立派になって……子どものころは、あんなにちいちゃかったのに……」

母が感慨深くため息をついて唇を先端に近づけてきた。

亀頭の唇がふれた瞬間、体に電流が走ったかと思うほどの刺激を感じて、獣のような声を出してしまった。

「……そんなに大きな声を出したら、さすがにご近所に聞こえちゃうよ……」

母はそう言いながらも、舌責めを止めてはくれない。

正直、童貞のペニスには刺激が強すぎた。椅子にしがみついて耐えていたが、母の唇が根元まで呑み込んだ瞬間、快感が自分の許容量を超えてしまった。

一瞬のうちに、母の口の中に出してしまったのだ。

「んん……」

母がぐぐもったうめき声をあげた。とんでもないことをしてしまった。そう思ったが母は動じてはいなかった。そしてゆっくりとペニスから口を離してくれたのだが、それだけでももう一回発射してしまいそうなほど気持ちよかった。

「ごめん……」

私は思わず母に謝った。だが母は、口を開けて見せてくれた。

「飲んじゃった、全部……」

わが子のものとはいえ、ペニスから出たものを飲んでくれるなんて……。

そんなことがアダルトビデオではない現実に起こるなんて、思ってもみなかった。

私はあっけにとられた。そしてそのあとに深い感動が胸に押し寄せてきた。

母は、ほんとうに私のすべてを受け止めてくれるのだという、感動だった。

そんな私のペニスに、母が手を伸ばしてきた。

「あんっ！」

私は、まるで女の子のような悲鳴をあげてしまった。射精したばかりで敏感なその部分は、軽くさわられただけで痛いほどの刺激を感じたのだ。

「熱くなってる……ふうふう、してあげるね」

母はそう言って、私の亀頭に向かって唇をとがらせて、息を吹きかけてくれた。子どものころに熱いものを食べさせてくれるときにみたいに、そうやって亀頭の熱を冷ましてくれたのだ。少し気恥ずかしかったが、心からうれしいと思えた。

「ねえ……最後までしちゃいたいわ……」

驚いたことに、母のほうからセックスをねだってきた。母の顔は見たこともない表情だった。顔が上気して薄化粧したようにピンクに染まって、目がうるんでいる。

これが、発情した女性の表情かと、私自身も興奮した。

もうここまできたら後戻りできないと思った。これまでは夢中になりながらも心のどこかで相手は母なのだという引っかかりもあった。このまま欲望を発散してもいいのかと、何度も何度も自分自身に問いかけていたのだ。

だが、母をこんな状態にしてしまったのは私なのだ。

私がケリをつけなければならないと、半ば使命感のような気持ちになっていた。

「でも……どうすればいいかな……」

やり方がわからないと、私は正直に告白した。これがもし、母ではない別の女性だったら、こんな弱音を吐くこともできなかっただろう。初めての相手が母でよかったと、私は心からそう思えた。

「ん……じゃあ、ここにあおむけになってみて……」

母は床のカーペットの上に私の体を寝かせた。興奮状態が冷めやらない私のペニスは、天井を向いて、まるで塔のように、恥ずかしいほどそびえ立っていた。

「そのまま、じっとしていて……」

やはり、私のためらいを捨てさせたのも母だった。これがたとえば正常位などで自分から挿入するのだったら、罪悪感で達成できなかったかもしれない。だが母は自分が「する側」になってくれることで、私のためらいを軽減してくれたのだ。

私の体に跨《また》がって立った母が、ゆっくりと腰をおろしてくる。

亀頭の先端が熱く濡れたオマ◯コにふれると、母は手を伸ばして私のペニスがそれないように固定してくれた。そしてゆっくりと、私の太腿に豊満なお尻がつくまでおろして、根元までペニスを呑み込んでしまったのだ。

あまりの快感に、私は声も出せないでいた。自分のペニスの全体が、余すところなく、女性器の内側にぴったりとおさまっている。ただそれだけのことが、ここまで男の心に幸福感をもたらしてくれるのかと感動していた。

母がゆっくりと腰を上下に動かした。途中で私に抱き着くように体を斜めにすると、オマ◯コの中のペニスに違う刺激が与えられて、さらに気持ちよくなった。

私は、思わず自分から腰を動かしてしまった。母からそうしろと言われたのではない。それは本能のようなものだったと思う。そうせずにいられなかったのだ。困ったことに、腰を動かすと気持ちよすぎた。すぐにでも二回目の発射をしてしまいそうだった。母のオマ◯コの中で射精するわけにはいかないと思った。だがどうしても、腰の動きを止めることができなかったのだ。

そんな私の気持ちを察したように、母がやさしくこう言ってくれた。

「いいのよ、遠慮しなくて……我慢できなくなったら、そのまま出しちゃいなさい」

それを聞いた私は、思うがままに腰を使った。

「うっ……おおお……!」

気持ちよさに脳の奥がしびれるようだった。

下半身の奥の奥から快感のかたまりが込み上げてきて、そのままペニスを通して母の中に放出された。放出されたあとも腰の動きが止まらず、びく、びく、と痙攣するような動きを数回くり返して、ようやく体が鎮まった。

私はとうとう、血の繋がった母の中で、果ててしまったのだ。

終わってしまうと、これまでのもやもやした気分は消え、スッキリしていた。

それを見て母も安心したように、私の後始末をしてくれた。ひざまずいて、汚れたペニスに舌を這わせて「お掃除」までしてくれたのだ……。

それからというもの、私は性欲が溜まると母の「協力」を求めるようになった。頼めば母はいつでも体を与えてくれた。それどころか、次第に母のほうも息子である私とするセックスに、夢中になっていったようだった。

母の協力のおかげで、私は志望校に無事合格した。

だが、母と私の関係は受験期間だけでは終わらなかった。

大学に合格してからも、社会人になってからも、周囲の目を盗んで、母と私の淫らな関係は続いた。肉親同士が親しくすることは別に不自然なことではない。近親相姦は、意外にもバレないものなのだ。

私が結婚してからはお互い離れて暮らしている。だがいまでも母は、私のいちばんの理解者だと思っている。

夫の気をひくためのセクシーランジェリー 食いついた義息にアソコを舐められた私は

坂口智子　主婦・四十一歳

私は現在、一人目の子どもを妊娠中です。

しかし、その子どもの父親は夫ではなく、義理の息子かもしれないのです。

そもそも私がいまの夫と再婚をしたのは一年前です。私が四十歳、夫が四十五歳のときでした。

前の夫と別れてから四年が過ぎ、私はパートでとある会社に勤めていました。その会社で正社員をしていた夫と恋愛関係になり、ゴールインをしたのです。

お互いにバツイチで、夫には前妻との間にできた大学生の息子さんがいました。それでも私たちはまったく問題にせず、むしろ子どものいない私には大歓迎でした。

こうして再婚をした私は、夫と亮太《りょうた》くんの三人で新しい生活を始めたのです。

ところが新婚早々に大きな問題が持ち上がりました。

それは結婚したとたんに、夫の態度が急に冷たくなったことです。釣った魚に餌をやらないといいますが、夫はまさにこのタイプだったのです。

私はパートを辞めて専業主婦になれたのですが、仕事人間の夫は家庭のことはまったく関心がありません。そもそも私と再婚をしたのも、亮太くんの母親役と、家事のできる女性を求めていたからのようです。

とはいえ私も、夫からの愛情だけを求めて結婚をしたわけではありません。

私は前夫との間に子どもができませんでした。そこでなんとしても間に合ううちに、自分の子どもを産みたかったのです。

夫も仕事から早く帰った日など、たまにではありますが私を抱いてくれます。しかし年齢のせいか精力が持たず、途中で終わってしまうこともしばしばでした。

「また？　今日こそはちゃんと最後までしてよ」

「もういいじゃないか。こっちは疲れてるんだから」

そんなやりとりを何度したかわかりません。

せっかく夫を悦ばせようと、色っぽい下着や衣装を用意しても、大して関心を寄せてくれないのです。それが悔しくてなりませんでした。

ところがそんな夫とは対照的に、義理の息子の亮太くんは私に対して淫らな感情を抱いているようなのです。

それに気づいたのは、私が庭で洗濯物を干しているときでした。自分の下着を干していると、彼が二階からじっとその様子を眺めていたのです。

私が視線を向けると、亮太くんはあわてて姿を消しました。

おかしいと思いふと手に持った下着を見たとき、その理由に気づきました。前の夜、夫を誘惑しようと用意した、かなり際どいデザインのものだったです。

ふだんの私は地味な下着ばかり着けています。ですが透けすけのレースに紐のような股の布地のそれだけが、明らかに目立っていました。

夫はまったく興味を示さない下着も、彼の目には刺激的だったようです。

また別の日は、お風呂上がりに偶然に遭遇しただけで、彼は驚いた顔をして自室に引き上げてしまいました。

そのときの私の服装は、薄手のシャツに下はショートパンツ。なんでもない格好のつもりでしたが、やはり少しでも肌の露出が多いと、目のやり場に困るのでしょう。

これから自室で彼が何をするのか想像すると、つい笑みがこぼれてしまいました。

亮太くんはまだ十九歳の男の子です。性欲を持て余していても仕方がありません。

もっともまじめでおとなしい性格なので、いっしょに暮らしていても襲われる心配はまったくありません。

逆に私のほうが、彼の行動に興味津々になってしまったのです。もしかして亮太くんなら、私の下着姿にも興奮してくれるかも……そんなことを思うようになったのは、きっと私が欲求不満だったからでしょう。

もう夫が相手でなくてもいい。セックスができるのなら、亮太くんでもかまわないとさえ考えはじめていました。

そのきっかけをつくり出すために、私はある作戦を練っていました。

夫が家にいない時間に、私の洗濯物をわざと彼の目につく場所に置いておいたのです。その中には例の大胆な下着もまぎれさせ、彼の反応を見るつもりでした。

こっそり隠れて見守っていると、案の定、洗濯物を見つけた彼が、私がのぞいているとも知らずに下着を手にとっていました。

そればかりか裏返してみたり、顔を埋《うず》めて匂いをかいだり、これまで私には見せたことのない姿です。

このタイミングで私が姿を現すと、彼は「えっ、あっ」とあわてふためいて下着から手を離していました。

しかしもう隠しようがなく、彼は顔を真っ赤にしてうなだれていました。

「そんなに私の下着に興味があるの？」

「えっ、いや……」

口ごもる彼に向かって、私はさらにこう言いました。

「見たい？　それを私がはいているところ」

すると彼は驚きながらも、ためらいがちに「はい」と答えてくれたのです。

私はすっかりうれしくなりました。私が期待していたとおりの返事だったからです。

「ちょっと待ってて。いますぐに着がえてきてあげるから」

そう言い残した私は、すぐさま部屋に引っ込んで着がえはじめました。

服をすべて脱いで裸になり、上下のセットになった下着を身に着けます。

薄いレースのブラは乳首がほぼ透けて見えているし、下はもっとすごいことになっています。毛どころか、あそこのお肉でさえ隠しきれていないのですから。

あらためて鏡で見ると、とても下着と呼べるようなものではありません。裸のほうがまだマシな格好かもしれませんでした。

そんな姿で、私はドキドキしながら彼の元へ戻りました。

大胆な下着姿で現れた私を、彼は驚きの目で見ていました。

「どう？　すごいでしょう。こんなに見えちゃって、ちょっと恥ずかしいけど……」

そう言いながらも、体を隠すこともなく見せつけます。

さすがに四十代の体ですから、多少のお肉はついていますが、その分お尻や胸はボリュームがあります。

そのふくよかな胸に彼は目を奪われながら、こう言ってくれました。

「すごいです。ずっと智子《ともこ》さんの体を想像してきて……こんなにきれいだったなんて」

「やだ、お世辞なんて言わなくてもいいのに」

彼の言葉に喜んだ私は、ちょっとサービスのつもりで、下着をずらして乳首をチラッと見せてあげました。

彼は興奮や驚きがすぐ顔に出るから、すごく楽しいんです。私の大きめの乳首を見てしまっただけで、もう真っ赤なんですから。

こうなると私もますます興奮してしまって、もっと大胆な行為をしてみたくなりました。

「見てて。ほら、ここ」

今度は紐のようなショーツを引っぱってみせると、あそこに深く食い込んで丸見えになっているはずです。

見られることに快感を覚えた私は、もう我慢できなくなりました。とうとう彼の手をとって体に導いてしまったのです。

「あっ……」

私の胸にふれた彼は、ビクッとなっていました。

しかし私は手を離さずに押さえつけます。強引に胸をさわらせていると、少しずつ彼も手を動かしはじめました。

「もしかして、女の体にさわるのは初めてなの？」

「はい……」

まじめでおとなしい性格だけに、きっと童貞だったのでしょう。それなら私にされるがままなのも納得できます。

今度は彼の手を胸からさらに下へ移し、あそこへ近づけさせました。

すでに乳首は硬くなり、すっかりとがりきっています。彼よりも私のほうがずっと興奮してあそこを疼かせていたかもしれません。

「ああっ……！」

彼の指がショーツの食い込んでいる場所にふれると、それだけで私は小さく喘いでしまいました。

指先があそこをなぞるように動いています。おとなしく控えめな手つきですが、かすかな刺激が伝わってきます。

「もっと、近くで見てもいいですか？」

彼は真剣な顔でそう聞いてきました。

私がうなずくと、屈み込んだ彼が真下から股間を見上げています。

あまりに距離が近いので、ますます強く彼の視線を感じました。もういまにも顔ごと股間に埋めてきそうなのです。

見られているだけで、私は勝手に体がウズウズして、腰が動いてしまいました。

そのとき彼に、こう指摘されてしまったのです。

「あっ、すごく濡れてる……」

「えっ、そんなに？」

ふだんは夫とベッドをともにしても、あまり濡れることなんてありませんでした。

それなのにいまの私は一目でわかるほど、たっぷりと溢れさせていたのです。

そう言われてみると、生温かいものが下着の内側に広がっているのがわかります。

じわっ……と、またあそこの奥からわき出てきました。もう見られているだけでは我慢できません。

「お願い、早く……下着を脱がせて。もっと気持ちいいことされたいの」

ようやく彼の手がショーツを下に引っぱって脱がせてくれました。

そのときいっしょに、あそこから溢れ出た液までトロッと滴《したた》り落ちてしまったのです。落ちた液は真下にいた彼の顔にかかってしまいました。

それが導火線になったのか、彼は待ちきれないかのような勢いで、激しくあそこにむしゃぶりついてきました。

「あっ！　ああっ……いやっ」

思わず私は彼の頭を手で押さえつけてしまいました。

少し息苦しそうにしていましたが、彼の舌は止まりません。まるで飢えた犬のように、ベロベロと舐め回してくるのです。

それまでずっと欲しかった刺激が与えられたので、快感もひとしおでした。

「はぁっ、いいっ、そこ、すごく気持ちいいっ」

私は喘ぎながら、彼の舌の動きにつられて腰をあおりつづけます。

どんどん快感が大きくなるにつれ、立ったままでいるのもつらくなってきました。

もっと楽な姿勢になれるベッドへ彼を連れていこうと思い立ったのです。

「ねぇ、こっちに来て」

いったん彼には中断させ、手を引いて夫婦のベッドへ案内しました。

ふだんは夫と寝ているベッドですが、セックスのために使ったのはずいぶん前です。それだけに久々にセックスができる期待で、私はとても張り切っていました。

ところが私以上に、彼のほうが積極的になっていました。

「早く、早く続きをさせてください」

「あっ、待って」

私がそう言ったのも構わず、彼は私をベッドに押し倒して、今度は体じゅうを舐めはじめたのです。

残っていたブラジャーを剝ぎとって乳首を咥えると、強く吸い立ててきます。それがどんなに強い力でも、私には甘い刺激でしかありませんでした。こんなふうに強引に愛撫してくれたことなど夫はなかったのです。

乳首が終われば首筋、腋の下、それにおへそまで舌が通り過ぎていきました。それにしても、まじめでおとなしそうに見えた彼が、こんなにいやらしく肌を舐めてくれるなんて。ますます人は見かけによらないと感じました。

あちこちを舐められているうちに、たっぷり感じてしまっていた私は、彼の舌がもう一度あそこへたどり着くのが待ち遠しくてなりませんでした。

と、ここで気づいてしまったのです。これまで年上で人妻の私が、若い彼に一方的に気持ちよくしてもらうばかりで、自分は何もしてあげていないことに。

「ねぇ、亮太くんも脱いで。私も気持ちよくしてあげるから」

それを聞いて彼も急いでズボンを脱ぎはじめました。

彼のほうも待ちきれなくなっていたのでしょう。ズボンを脱ぎながら、あせってつまずきそうになっていたのです。

そうしてようやくズボンも下着も脱いでしまうと、ペニスが勢いよく飛び出してきました。

私は思わず声を出してしまいそうになりました。夫のものよりも大きいうえに、腰についてしまいそうなほどそそり立っていたからです。

「ああ、すごい……ちょっとさわらせてね」

私はベッドに横にさせた彼の股間に顔を近づけました。

そっと手でふれると、それだけでピクッと先っぽが跳ね上がりました。

まだ薄いピンク色のまま、皮もすべて剝けきっていません。ちょっと甘ずっぱい感じの、とっても若々しい匂いです。

きっとこのペニスにはたっぷりと精液も溜まっているはずです。そう思うと、生唾を吞み込んでしまいました。

我慢できずに私が舌を這わせると、彼が「ああっ」と小さく声を出しました。

さっき舐めてもらったお返しです。今度は私がペニスを口に含み、舌を絡ませてあげました。

「ああ……気持ちいいです」

私のフェラチオに、彼は満足そうに息を喘がせています。

ただ舐めてあげるだけではありません。たっぷりと唾液を絡みつかせ、口の奥まで吸い込んであげるのです。

夫は私がいくらがんばって咥えてあげても、まったく反応を見せてくれませんが、彼は違います。素直に気持ちいいと言ってくれるので、こっちも張り切ってしまうのです。

私は彼のものを咥えたまま、何度も口を上下に往復させました。

口の中ではピクピクとペニスが跳ね上がり、いまにも爆発してしまいそうです。

ここで私が口を離すと、ちょうどいいところだったのか、彼は恨めしそうに私を見ていました。

「もう少しだけ我慢してね。ちゃんと最後までしてあげるから」

そう言って私が腰に跨ると、彼も何をされるのか察したはずです。

さっきまで口に含んでいたペニスは、元気にそそり立ったままでした。彼も期待に目を輝かせながら、じっと私を見つめています。

このまま腰を落としてしまえば、私は夫を裏切って亮太くんとひとつになってしまう……わずかな罪悪感が、私を一瞬だけためらわせました。

しかしそんなものは、体の疼きにはとても逆らえません。早くセックスをしたくて待てなかった私は、ペニスの根元を支えると一気に腰を深く沈めました。

「ううっ」

にゅるりとペニスを挿入させてしまうと、声をあげたのは彼のほうでした。

私はというと、つながったペニスの硬さや太さをうっとりと感じていました。

「ああ……すごく大きい。体がしびれちゃいそう」

あそこの奥まで深々と貫かれて、しばらく快感に酔っていたのです。夫とのセックスではとても味わえない感覚でした。

しっかりと腰を落としていた私は、そのままゆっくりと上下にお尻を動かしはじめました。

「すごく熱くて締まって、体が溶けそうです」

彼の気持ちよさそうな声が、私をさらに燃え上がらせました。

「もっとよくしてあげる。亮太くんは動かなくてもいいから私に任せて」

まだ経験のない彼を私が騎乗位でリードしてあげます。すぐに射精しないようペースを落とし、できるだけ楽しませてあげようとしました。

こうして亮太くんの顔を見ながらつながっていると、自分がどれだけ罪深い女か、あらためて実感しました。

もし赤の他人ならば、ただの若い男の子との不倫というだけです。それが親子になってしまったばかりに、近親相姦という関係になってしまっているのですから。

同時にいけないことをしている背徳感に、私は興奮していました。彼を誘惑しようと思ったときから、この気持ちがずっと続いていたのです。

快感が強くなってくると、少しずつ腰の動きも大きくなっていきました。

「だいじょうぶ？　まだ我慢できる？」

「はい、ああ……」

彼はそう言っていましたが、あまり長くはもちそうにありません。

やはり初めてだと刺激に弱いのでしょうか。私がつい腰を強く押しつけてしまうと、必死になって快感をこらえているのがわかります。

クイクイとお尻だけを動かしながら、私は彼の唇を奪いました。舌を入れて絡めていると、彼も唇を吸い返してくれました。

「あっ、もう……イキそうです」

キスに夢中になっていた私に、彼が小さな声で言いました。

さすがにもう限界だったようです。私も休まずに動きっぱなしだったので、いつ果ててもおかしくはありません。

「いいのよ、イッても。そのまま出しちゃいなさい」

「えっ、でも」

さすがに彼も私の中で出してしまうことには抵抗があったのでしょうか。私の言葉にとまどいを隠せませんでした。

しかし私は構わずに腰を振りつづけます。

「ああっ、待って、あっ……！」

とうとう我慢できなくなった彼は、私の下で観念したように目を閉じてしまいました。

そしてその瞬間だけは、彼も腰をグッと突き上げてくれたのです。もう逃れられないと知り、いっそあそこの奥深くに射精してしまうことを選んだのでしょう。

体の奥で、ドクドクと生温かいものが溢れているのがわかりました。

「いっぱい……もっといっぱい出して」

私は一滴残らずしぼりとるまで、けっして腰を浮かせませんでした。

その間も彼は荒い息を吐きながら、ペニスをふるわせつづけています。お互いの呼吸が落ち着くまで、たっぷり時間を使いました。

ようやく私が体を離すと、ドロリとした体液がたっぷり流れ出てきました。夫の射精した量の何倍もありそうな、白く濁った精液です。

「うれしい。たくさん出してくれたのね」

私は感謝の気持ちを込めて、彼にもう一度キスをしてあげました。

ただ私が満足したかといえば、そうではありません。中途半端なところで終わってしまったし、まだまだ物足りなかったのです。

「時間はたっぷりあるから、もう一回する？」

「はい……」

射精したばかりですが、彼は素直に応じてくれました。

その日は日が暮れるまで何度も彼とセックスをしました。さすがにお互いヘトヘトでしたが、こんなに抱いてもらったことはなかったので身も心もスッキリしました。

それから数カ月、体調に変化を感じたので産婦人科で診てもらうと、予想どおり妊娠していました。

実は彼とはセックスをするだけでなく、子どももつくってしまおうと計画していたのです。常に生で中出しをさせていたのもそのためでした。

急な妊娠に夫は驚いていましたが、定期的にセックスはしていたので納得はしていました。

もうすぐ産まれてくる子どもは、きっと私と亮太くんの間にできた子どもです。

このことは絶対に誰にも言えません。私が一生背負っていかなければいけない秘密です。

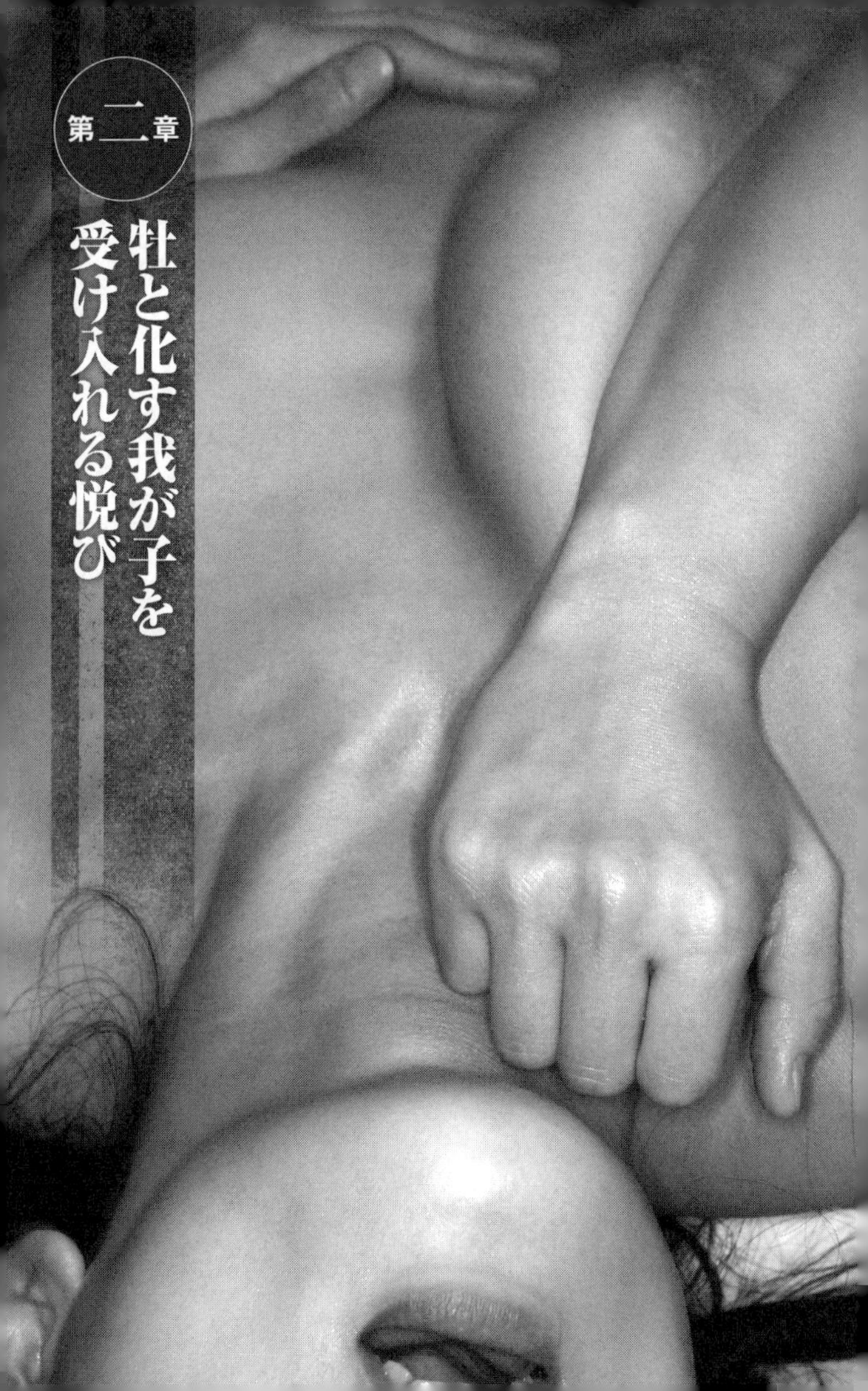

第二章

牡と化す我が子を受け入れる悦び

恋人との初体験で勃起出来ずフラれた私をオッパイで慰め、生まれた場所へと導く母

本田祐作　大学生・二十歳

ぼくは二十歳の大学生です。いままで恋人は一人もいませんでした。つまり童貞だったんです。見た目はそんなに悪くないと思うのですが、女性と話そうとすると緊張して、どうしても挙動不審になってしまうんです。

そんな自分を変えたくて、ガールズバーのボーイのバイトを始めました。周りはギャルばかりです。当初は緊張して全然しゃべれなくて、女性たちからは冷ややかに見られていたのですが、そんなぼくをかわいいと思ってくれる女性が現れたんです。

彼女はなにかとぼくに話しかけてきてくれて、ある日、仕事終わりに「二人で飲みにいこうよ」と誘われたんです。もちろんぼくはオーケーしました。

居酒屋へ行く途中も彼女が腕を組んできて、胸をむにゅむにゅと押しつけられ、ぼくはもう鼻血が出そうなぐらい興奮してしまいました。

で、お酒を飲んで話をしながらも、もう彼女とヤルことばかり考えていたんです。

でも、童貞だからなかなか言い出せないでいると、彼女のほうから「このあとどうする？　ホテルに行く？」と誘われました。

もちろん断るなんて選択肢はぼくにはありません。店を出て、近くのラブホに駆け込みました。そして、ファーストキスをして、二人で服を脱がし合いました。

生まれて初めて生で見る女性の裸は最高にきれいでした。特に彼女は、服を着ているときに想像していた以上にきれいな体をしているんです。

つんと突き出した釣り鐘型の大きなオッパイに、縦長のヘソに、くびれたウエストに、薄い陰毛とその下からのぞく割れ目……。

こんなすごい女体で童貞を卒業できるんだと思ったら、いままでの不遇な生活が全部このときのために存在していたのだという気がしました。

だけど、ぼくのペニスは全然硬くならないんです。それどころか緊張のあまり縮み上がっていて、まるで小学生のペニスみたいになっているのでした。

「あら、かわいい」

最初はそう言って指でいじったり、ペロペロ舐めたりしてくれていた彼女でしたが、ペニスはいつまでたっても平常時のサイズのままなんです。

すると、だんだん彼女は不機嫌になっていきました。

「なんなの、このチ○ポは！　私に魅力がないっていうのッ？　最低！」

結局、彼女はそんな捨て台詞《ぜりふ》を残してさっさとホテルから出ていきました。

残されたぼくはしばらく放心状態でした。まさに天国から地獄へと突き落とされた気分だったんです。

すっかり自信をなくしたぼくはバイトを辞め、大学にも行かなくなりました。それからは自室に引きこもる毎日でした。

ママはそんなぼくを心配して「祐作《ゆうさく》ちゃん、いったいなにがあったの？」とたずねるのですが、まさか「初エッチのときにペニスが勃起しなかった」なんて言えません。

だから「なにもないよ！　ほっといてくれよ！」と怒鳴ってしまうのでした。

そしたらママは、ぼくの友だちに片っ端から電話をかけて「あの子になにがあったの？　知ってたら教えてちょうだい」とたずねて回ったんです。

そのなかの一人、橋本《はしもと》君が「祐作君は女の子とホテルへ行ったけど、アレが役に立たなくてふられたらしいんです」と正直にママに話してしまったのでした。

橋本君とは中学からの友だちだったので、電話で正直に全部話していたんです。家にも何度も遊びにきていて、ママとも顔見知りでした。

秘密を勝手に話してしまうなんてひどいと思いましたが、橋本君は橋本君なりにぼくのことを心配してのことだったのでしょう。そして、ぼくが初体験を失敗した話を聞いたママは、とんでもないことを言ってきたのです。

その夜、パソコンに向かっていると、ドアの向こうからママの声が聞こえました。

「祐作ちゃん、話があるの。入るわよ」

ぼくが返事をする前にドアが開けられました。以前からカギをつけたいと言っていたのですが、ママが反対してつけさせてくれなかったんです。

「勝手に入ってこないでよ！」

ぼくはできる限りきつい言い方をしましたが、ママには通用しません。

「橋本君から聞いたわよ。一回失敗したぐらいでなによ。うまくできなかったのは、相手の女に魅力がなかったからに違いないわ。祐作ちゃんはなにも悪くないの」

「ほっといてよ。ぼくに恥ずかしい思いをさせてうれしいのッ？」

ぼくがキレると、ママは悲しげな表情を浮かべました。

「祐作ちゃんだけに恥ずかしい思いなんかさせないわ」

そう言うとママは目の前で服を脱ぎはじめたのでした。

「な……なにしてるんだよ？」

「ママの恥ずかしい姿を見せてあげる。それでおあいこでしょ？」

もともと過保護なところがありましたが、ここまでとは思いませんでした。

「やめてよ、ママ」

ぼくはとっさに顔をそむけましたが、ついつい横目でママの裸を見てしまうんです。

四十九歳になるママの裸は、胸が大きく、腰回りに適度に脂肪がついていて、陰毛もジャングルのようで、すごくいやらしいんです。

ガールズバーの彼女の裸はきれいでしたが、ママの裸と比べたら全然なまなましさが足りません。気がつくと、ぼくの股間は硬くなってしまっていました。

「あら、祐作ちゃん、勃起してるんじゃないの？」

ママが目ざとくぼくの勃起に気がつきました。そのときはスウェットパンツをはいていたので、大きくふくらんでいる様子が丸わかりなんです。

とっさにぼくは股間を手で隠して、椅子を回転させて背中を向けました。そんなぼくの両肩に手を置き、ママが耳元に顔を近づけてささやくんです。

「女に魅力さえあれば、祐作ちゃんのオチ○チンはちゃんと勃起するの。初体験がうまくいかなかったのは、ぜ～んぶ、相手の女が悪いの。いいわ。ママが祐作ちゃんの最初の女になってあげる。一回成功すれば自信もつくでしょ？」

ぼくはママの手を振り払って椅子から立ち上がり、部屋の隅まで逃げました。そして背中を壁に押し当てながら言ったんです。

「ダメだよ、そんなの。近親相姦になっちゃうよ」

「いいじゃないの。祐作ちゃんのことを世界でいちばん愛しているのはママなのよ。ごらんなさい、このオッパイを。祐作ちゃん、ママのオッパイが大好きだったでしょ？小学五年生まで、ママのオッパイをさわりながらじゃないと眠れなかったじゃない」

ママは両手で自分のオッパイをもみしだきながら言いました。

確かにそうです。でも、当時、そのことをクラスメイトになにげなく話したら「気持ち悪い」とからかわれ、それ以来、ぼくはママのオッパイにさわらずに生きてきたのです。

目の前にあるママのオッパイはボリュームたっぷりで、すごくやわらかいのが見ただけでわかります。そんなものを見せられると、ぼくは久しぶりにさわりたくてたまらなくなってしまうのでした。

「いいのよ。ママのオッパイは祐作ちゃんだけのものよ。パパのことなんか気にしなくてもいいの。あの人はお金をくれるだけの存在なんだから」

ぼくのパパは会社の社長なのですが、ママのほかに何人もの愛人を囲っていて、最近はほとんど家に帰ってきません。

ママがぼくにこんなに愛をぶつけてくるのは、さびしさのせいもあるはずなんです。そう思うと、ぼくはもうママの愛を拒否することはできなくなってしまうのでした。

「ママ……さわらせて。ママのオッパイをさわらせて」

「うれしいわ、祐作ちゃん。さあ、いっぱいさわって」

ぼくは手を伸ばして、ママのオッパイにさわりました。

「はあぁ……すごくやわらかいよ。ママ……ママ……」

私は夢中でオッパイをもみしだき、さらには小さな子どものころのようにそれに食らいついていました。

「ああぁん、祐作ちゃん……ママのオッパイはおいしい？」

ママはぼくの頭を優しく抱き締めてくれました。すると驚いたことにママの乳首から何か液体が出てきたんです。

いったん唇を離してよく見ると、乳首の先端から白い液体がにじみ出ていました。

「ママ……母乳が……母乳が出てるよ」

「ほんとだわ。祐作ちゃんのことが愛おしすぎて母乳が出てきたのね。いいわよ、いっぱい飲んで」

言われるまま、ぼくはママの乳首に食らいつき、母乳を飲みました。それはほのかに甘くて、すごくおいしいんです。

子どものころならお腹いっぱいになっただけでしょうが、二十歳になったぼくは、ママの母乳を飲んでることに興奮して、股間が痛いほどに硬くなってしまうのでした。

モジモジしていると、ママがそのことに気がつきました。

「どうしたの？　オチ○チンが『狭いよ～。早く外に出してよ～』って言ってるんじゃないの？　さあ、祐作ちゃんも裸になって、大人になったオチ○チンをママに見せてちょうだい」

ママはさっきから全裸なんです。ぼくのために恥ずかしい格好をしてくれていたのですから、ぼくが恥ずかしがっていてはいけないという気がしました。

「わかったよ、ママ。ぼく、もうこんなになってるんだ」

ぼくはその場で服を全部脱ぎ捨てました。そして腰を伸ばして胸を張ると、勃起したペニスが垂直に立ち上がり、ピクピクと震えてしまうのでした。

ぼくのペニスは、自分でも驚くほど大きくなっていました。

「すごいじゃないの。ああ、立派になったのね」

ママはぼくのペニスを見て、心からうれしそうに言いました。そしてぼくの前にひざまずき、ペニスを両手で大切そうにつかみました。

「はうう……」

ママの手はしっとりしていて、つかまれただけですごく気持ちいいんです。

「硬い……はあぁ……すごく硬いわ」

ママは両手でペニスをつかんだまま、上下にしごきはじめました。

「ううっ……ママ……気持ちいい……それ、すごく気持ちいいよ……」

手でしごかれているだけなのに、自分でするのとは全然違います。ものすごく気持ちよくて、腰をもぞもぞと動かしてしまうんです。

「気持ちいいのね？　じゃあ、もっと気持ちよくしてあげるわ」

ママはそう言うと、ペニスの根元から先端へかけて、つーっと舌先をすべらせました。そしてカリクビのところをチロチロとくすぐるように舐めるんです。

「あっ……うう……ママ……ママ……」

ぼくは体の横で両拳を握り締めて仁王立ちしつづけました。

そんなぼくを上目づかいに見上げながら、ママは数回裏筋を舐め上げたかと思うと、今度は亀頭をパクッと口に含んでしまったんです。

温かい口の中の粘膜でねっとりと締めつけられ、ぼくは強烈な快感に襲われました。

そしてママは、そのまま首を前後に動かしはじめたんです。ガールズバーの彼女のときは勃起していなかったせいもあるかもしれませんが、ママのフェラチオの快感は生まれて初めて経験する強烈さでした。

ぼくは立っていられなくて、腰が抜けたようにその場に座り込んでしまいました。だけどママは、ペニスを口から出そうとしません。しっかりと咥え込んだまま、四つん這いになって、ジュパジュパと音を立てながらペニスをしゃぶりつづけるんです。

「ママ……ダメだよ、それ……気持ちよすぎて、ぼく……もう……」

ぼくが苦しげな声で言うと、ママはいったんペニスを口から出して、ぼくの顔を見上げながら言いました。

「いいわよ。遠慮しないでママのお口の中に出して。祐作ちゃんがママの母乳を飲んでくれたように、ママは祐作ちゃんのオチ○チンから出るミルクを飲んであげるわ」

そしてまたペニスを口に含むと、さっきまでよりもさらに激しく首を前後に動かしはじめました。それは想像を超えた快感でした。いままで数えきれないぐらいオナニーをしましたが、それらとは比べものにならないぐらい気持ちいいんです。

しかも、大好きなママが一所懸命しゃぶってくれている様子がたまらなくて、ぼくはすぐに限界を超えてしまいました。

「ああ、出る！　ママ、出るよ！　ううううう！」

ペニスがビクンと脈動し、ママの口の中に精液が迸《ほとばし》るのがわかりました。

「うぐぐっ……」

ママが眉間にしわを寄せて、苦しそうな声を出しました。それでも、ぼくが射精し終わるまで、じっと耐えてくれるんです。

「ママ……ぼく、イッちゃったよ。ありがとう。最高に気持ちよかったよ」

ぼくがそう言うと、ようやくママは精液がこぼれないように気をつけてペニスを口から出しました。そしてぼくの目を見つめながらゴクンと喉を鳴らして、全部飲み干してくれたんです。

「すごく濃厚でおいしかったわ」

ママはぺろりと唇の周りを舐めて、にっこりと笑いました。

「ママ……」

自分のペニスから出た液体を飲んでくれたことにぼくは感激して、全身に鳥肌が立ってしまいました。

大量に射精したものの、ペニスはまだビンビンのままです。

「ママ……ぼく……」

「まあ、元気ね。祐作ちゃんの初めての女になってあげる約束だものね。でもその前に、祐作ちゃんに性教育してあげるわ。ほんとうは小学生のころにしてあげたかったんだけど、さすがに勇気がなかったの。だけどいまならできるわ。祐作ちゃん、よく見て」

ママはベッドの上にあおむけに横たわり、両膝を抱えるようにして、ぼくに向かって陰部を突き出しました。

そこはもう愛液にまみれ、小陰唇も充血して分厚くなっているんです。そして割れ目の奥には膣口がぽっかりと口を開き、呼吸に合わせてヒクヒク動いているんです。

「ママ……すごいよ、丸見えだよ。ああ、ぼくはママのここから生まれてきたんだね」

「そうよ。あとでこの穴に、祐作ちゃんのオチ○チンを入れさせてあげるわ。だけど、その前にママをイカせてちょうだい。これから祐作ちゃんはいろんな女をイカせないといけないんだから、その練習よ」

「イカせる……って、どうやればいいの？」

だいたいのことはAVを観たりして知っていましたが、いざ生身の女体が相手だと自信が持てません。

ぼくが不安げにたずねると、ママはちゃんと細かく指示を出してくれるんです。

「ここがクリトリスっていって、女の体でいちばん敏感な部分なの。ここを優しく舐め回してみて」

ママは割れ目の上のほうのヘソ寄りのところを指で押さえました。すると包皮が剝けて、ピンク色のクリトリスが完全に姿を現しました。

「ここ……？　ここを舐めればいいんだね？」

ぼくはママの股間に顔を近づけ、長く舌を伸ばしてクリトリスをぺろりと舐めました。

「はっあああぁん……」

悩ましげな声を出しながら、ママはヒクヒクと腰をふるわせました。それでもまた両膝を抱えて、ぼくが舐めやすいように、これでもかと陰部を突き出してくれるんです。

「ママ、気持ちいいんだね？　ここが気持ちいいんだね？」

「そうよ。すごく感じるの。はあぁぁ……」

ぼくはママをもっと気持ちよくしてあげたくて、舌先で転がすようにクリトリスを舐め回しつづけました。

「ああっ……いい……気持ちいい……はあっ……じょうずよ、祐作ちゃん。もっと……もっとして……あああん……」

ぼくは舐めるだけではなく、今度はクリトリスを口に含み、さっき乳首にしたのと同じように吸い、前歯で軽く嚙んであげました。

「はっひぃぃ……」

ママの口から奇妙な声がこぼれ出ました。それぐらい気持ちいいのだと思ったぼくは、何度も前歯で甘嚙みしました。

するとママの吐息が徐々に小刻みになっていき、もう両脚を抱えていることもできなくなり、ベッドの上でブリッジをするように体をのけぞらせるんです。

「あああ、ダメダメダメ……祐作ちゃん、ダメよ、もうやめて。気持ちよすぎちゃうの。あああああん……」

もちろんぼくは止めません。ママが本心ではもっとしてほしがっていることが、息子であるぼくにははっきりとわかったんです。

そしてさらにクリトリスを舐めたり吸ったり甘嚙みしたりしてあげていると、ママは絶叫に近い喘ぎ声を迸らせました。

「あああ〜っ、い……イク〜！」

と同時にママの腰が上下に激しく動き、ぼくは吹っ飛ばされてしまいました。

ベッドから落ちそうになりましたが、辛うじてなんとか踏みとどまりました。そしてママのほうを見ると、ママは胎児のように体を丸めて、ハアハアと苦しそうな呼吸を繰り返しているんです。

「ママ、ぼくのクンニはじょうずだった？」

ぼくがたずねると、ママは気怠《けだる》そうに寝返りを打ち、こちらを向いて言いました。

「すごくじょうずだったわよ。祐作ちゃんがこんなにクンニがじょうずだなんて、ママ、びっくりしちゃったわ。これだったら、どんな女でもすぐにイカせられるわよ」

「ありがとう、ママ。だいぶ自信がついてきたよ。でも、まだ少し、不安があるんだけど……」

ぼくは自分の股間へ視線を向けました。そこには赤銅色の肉の棒がバナナのようにそり返っているんです。

「そうね。経験がないと不安かもしれないけど、祐作ちゃんのオチ○チンはすっごく立派だから、それを突っ込んであげれば女はみんな大喜びするはずだわ」

「ママも？」

「もちろんよ。さあ、試してみて」

ママはぼくに向かって股を大きく開きました。クンニでイッたばかりのアソコはどろどろにとろけていて、膣口が誘うようにうごめいているんです。

「入れるよ、ママ。いいんだね？」

「入れて、祐作ちゃん。ママのここに、祐作ちゃんの硬くなったオチ○チンを入れて童貞から卒業してちょうだい」

ママは膣口を指さしました。

「ありがとう、ママ。ここに入れればいいんだよね？」

ぼくはママの股の間に体を移動させ、そり返るペニスを右手でつかみ、先端をぬかるみに押し当てました。そして、そのままグイッと押しつけると、まるで吸い込まれるようにぼくのペニスはママの中に入っていくのでした。

「はああ……祐作ちゃん……入ってくる……奥まで入ってくるわ。あああん……」

「ううう……ママの中、すごく気持ちいい……」

「動かしてぇ。その大きなオチ○チンで、ママの中をいっぱいかき回してぇ」

言われるまま、ぼくは腰を前後に動かしはじめました。

これが初体験なので、こんな奇妙な腰の動かし方をしたことはありませんでしたが、ママを気持ちよくしてあげようと思うと、ごく自然にいわゆるピストン運動をしてしまうのです。

「あああっ……すごい……あああ、祐作ちゃん、ほんとに初めてなの？　あああん、じょうずよ……はあああっ……気持ちいい……」

ママは下からぼくを抱き締めて唇を重ねてきました。ほんとうに気持ちいいのでしょう。ぼくの背中に爪を立てるんです。その爪の痛みが、ペニスに受ける快感をより鮮烈にするようです。

「す……すごい。ううう……気持ちいいよ、ママ」

ぼくは力任せにペニスでママの中をかき回しつづけました。こんなに激しく動かしたらすぐにイッてしまうと思っても、腰の動きを弱めることができないんです。

「ああん、ダメよ、祐作ちゃん……そ……それ、気持ちよすぎて、ママ……もうおかしくなっちゃいそうよ。はあぁん……」

「ママ……あああ、ママ……」

ぼくの腰の動きに合わせてママの乳房がゆさゆさ揺れ、勃起した乳首の先から母乳がピュッピュッと噴き出すんです。

ぼくはそれを舐め回しながら、さらに激しく腰を突き上げつづけました。

「あっ、ダメ、あああん、そこ……その奥が気持ちいい……あああん、もう……もうイキそうよ。ああああん」

「ここがいいんだね？　ママ、もっと気持ちよくなって！」

ぼくはママの膣の奥のほうを突き上げながら、指でクリトリスをなで回しました。

「あああん、イク〜！」

ママが叫んだとたん、膣壁がきゅーっと収縮して、ぼくのペニスをきつく締めつけるんです。その狭い肉穴の中に数回ペニスを抜き差しすると、ぼくももう限界に達してしまいました。

「ぼ、ぼくもイク！　あっううう！」

根元までママのアソコに突き刺さった状態で、ペニスがビクンビクンと脈動して、大量の精液が勢いよく迸り出ました。

「はあぁぁん……すごかったわ、祐作ちゃん。これでもう祐作ちゃんは完全に大人になったのよ」

「ママ、ありがとう」

ぼくはペニスを挿入したまま、しばらくママのやわらかな乳房の上に体をあずけつづけました。

そうやってママを相手に童貞を卒業したぼくは、自信をつけて同世代の女相手にリベンジをもくろんだかというと、そんなことはなく、いまもママと毎日のように愛し合っているのでした。

こんにちは。

今回は、私の体験談をどうしても聞いてほしくて投稿しました。

いまから四年前の話になります。

当時、私は六歳年下の江里子《えりこ》とできちゃった結婚をし、セックスができないストレスから限界に達していました。

手と口で出してもらっていたのですが、どうしても女の肌が恋しくて、我慢できないほど追いつめられていたんです。

風俗で抜いてもらおうかとパソコンで検索した履歴を知られ、夫婦ゲンカしたこともあります。

江里子が妊娠半年を迎えたころ、体調の悪化から緊急入院しました。

彼女には悪いと思ったのですが、いけないお遊びが頭をよぎったのは事実です。夫の心の内など先刻承知しているのか、義母の静江《しずえ》さんが世話をしに我が家にやってきまして、そのときは愕然《がくぜん》としました。

久しぶりの女遊びさえ許されないのか。深い溜め息をつく一方、私は胸のときめきを抑えられませんでした。

静江さんはとても魅力的な人で、当時四十四歳にもかかわらず、三十代にしか見えないほど若々しかったんです。

涼しげな目元にふっくらした唇、見るからに育ちのよさそうな品のある顔立ちとは対照的に、服がはち切れそうな豊満な肉体はまさにストライクゾーンど真ん中の女性でした。

もともと、年上好みでもあったことから不謹慎にも淡い期待を抱いてしまったのですが、もちろん妻の母親をくどけるはずがありません。

静江さんが我が家に来て、三日目の夜のことだったと思います。

同僚に飲みに誘われ、家に連絡を入れると、どこで誰と飲むのかしっかり聞いてきました。

やはり江里子から、「よく見張っていて」と釘を刺されていたんでしょうね。

正直に告げ、仕方なく一時間ほど飲んで家に帰ると、静江さんは風呂上がりなのか、バスタオルを体に巻いてリビングの冷蔵庫を開けていました。

「……あ」

「あら、ごめんなさい！　こんなに早く帰ってくるとは思わなかったから」

「す、すみません！」

あわてて部屋に向かおうとした刹那《せつな》、バスタオルがはらりとほどけ、静江さんのオールヌードが目に飛び込んできたんです。

前方にドンと突き出たバスト、生白い腹部、むっちむちの太腿はもちろんのこと、こんもりした恥丘のふくらみに淡く煙る陰毛に股間が瞬時にして反応しました。

酒が入っていたせいもあるのか、私の中で何かが弾け、気がつくと、彼女に抱きついていたんです。

「ちょっ……直也《なおや》さん、どうしたの？」

「あ、あ、ぼ、ぼく……もう我慢できない。お義母《かあ》さんが、初めて会ったときから好きだったんです」

いま考えると、とんだ告白もあったものですが、そのときの私は真剣で、江里子のことは頭から吹き飛んでいました。

「お義母さんが欲しいです！」

「そんなこと言われても……あなたは娘の夫なんだから。それに、私にだって夫がいるのよ」

「わ、わかってます！　でも、ホントに我慢できないんです！」

「とにかく、離れて」

「いやです！」

あのときの私は駄々っ子そのもので、「だめよ」と何度も言われたのですが、獣と化した私の耳には入りませんでした。

しかもハレンチなことに、股間のふくらみを下腹にグイグイ押しつけていたんです。

「お義母さん、お願いです！　一度だけでいいんです！」

「もう……仕方のない人ね。ただ、すっきりしたいだけじゃない？」

「そんなことありません！」

さすがは年の功というか、男の生理現象は理解しているらしく、これが大人の女性の魅力でもあるんですよね。

「お願いです……あ、うっ」

驚いたことに、静江さんは手を伸ばして股間のふくらみをなで上げ、ズシンと響いた快感に脳波が激しく乱れました。

清楚《せいそ》な雰囲気を漂わせる女性が、なんと大胆なことをするのか。

ふだんとのギャップに性本能が刺激され、さらに背徳感が拍車をかけたのか、あのときの私は異様な昂奮に衝《つ》き動かされ、引き戻す気はまったくありませんでした。

「くふぅ」

ズボンの上からにもかかわらず、下手をしたら射精してしまうほどの気持ちよさで、すぐさま力んで耐えました。

「いけない人ね……こんなにさせて」

「ああ、ああ、そ、そんなことしたら、もう止まりませんよ」

「あら？　じゃ、やめたほうがいいかしら」

「あっ、やめないでください！」

私はその場で上着を脱ぎ捨て、ネクタイをほどきました。そして再び抱きつき、ヒップをギュッギュッとわしづかんだんです。

手のひらに吸いつくような肌質と量感は、いまでもはっきり覚えています。

もちもちした感触にたっぷり酔いしれたあと、すかさず唇を奪おうとしたのですが、彼女は首を振って拒絶しました。

「キスはだめよ」

「ああ、でも……あっ」

ベルトをゆるめる音が聞こえてくると、身がこわばり、ズボンのチャックが引きおろされる光景を立ちすくんだまま見おろしました。

静江さんは、何をするつもりなのか。

心臓が口から飛び出そうな昂奮と期待感が全身に吹きすさび、性衝動が頂点に達しました。

彼女は腰を落としざまズボンをトランクスごと引きおろし、ペニスが反動をつけて跳ね上がりました。

恥ずかしいことに、早くも先走りの液が溢れ、下着の裏地との間に透明な糸を引いていたんです。

「まあ……すごいわ。こんなになって」

「はあはあ、はあっ」

「溜まってるの?」

「も、もう二週間もしてないんです」

「そんなに? それで、おかしくなっちゃったのね。エッチなビデオとか、あるんでしょ？」

「あ、ありますけど、なんとなく……その気になれなくて」

たどたどしい言葉で答えると、美熟女は口元に微笑を浮かべ、ペニスの切っ先を食い入るように見つめました。

「やだ……もう出ちゃってるわ」

「お、お義母さんが……好きだからです。好きだから、こうなっちゃうんです」

「ほんとうに悪い人ね。江里子以外の女の子にも、同じこと言ってるんじゃない？」

「い、言ってません！　浮気は、一度もしてないです!!」

「そう、それを聞いて安心したわ。あの子を泣かせたら、許しませんからね」

「泣かせません！　絶対に約束します!!」

静江さんは満足げな顔をしたあと、ペニスをシュッシュッとしごき、持て余した我慢汁がツツッと滴《したた》り落ちました。

「ああ、いやらしい匂い」

「はあふう、はあぁぁっ」

かぐわしい吐息がペニスにまとわりつき、私は無意識のうちに腰をくねらせていました。

動悸《どうき》が少しも収まらず、シャツとインナーを脱ぎ捨てることで精いっぱい。ズボンと下着を足元に絡めた姿は滑稽《こっけい》だったはずですが、あのときの私に格好を気にしている余裕はありませんでした。

「どうしてほしい？」

「あぁ……しゃ、しゃぶって……ほしいです」

「まあ、義理の母親にそんな恥ずかしいことさせるの？」

「も、もう我慢できないんです……あ、ふうっ」

熟女は上目づかいに問いかけながら熱い息を吹きかけ、そのたびに腰がひくつき、ペニスがビンビンにしなりました。

静江さんは相変わらず笑みを浮かべ、やがて舌先で陰嚢から裏茎をチロチロと這い嬲《なぶ》りました。

「お、おうっ！」

ちょっとした行為でも体が敏感に反応してしまい、まるで性感覚を剝き出しにされたような状況だったでしょうか。

イチゴ色の舌がふれるかふれぬ程度の力加減で、縫い目やカリ首、鈴口をゆっくり這い回るんです。

わざとじらしているのか、先走りは源泉のように溢れこぼれ、私はいつしか涙声で懇願していました。

「あ、ああ、しゃぶって、しゃぶってください」

熟女は小さくうなずき、口を開けてペニスを呑み込んでいきました。

「あ、おおっ」

ぬくぬくの口の中は唾液でねっとりしており、身も心もとろけるのではないかと思いました。

彼女はここでもスローテンポのスライドを延々と繰り返し、私の焦燥感をこれでもかとあおったのです。

性感は極限まで研ぎ澄まされ、頭の中は禁断の関係一色に染まっていました。

「ああ、したい……したいです!」

本音を正直に告げると、静江さんはペニスを口からちゅぽんと抜きとり、腰を上げました。

めくれ上がった艶々《つやつや》の唇、紅色に染まった頬の、なんと色っぽかったことか。

「ズボン、ちゃんと脱いで、こっちに来て」

足踏みするように足元の衣服を脱ぎ捨て、黒い靴下だけの格好になると、静江さんはペニスを握ったままソファに向かいました。

「あおむけに寝て」

言われるがまま寝転んで大股を開けば、彼女は足の間にひざまずき、今度は本格的なフェラチオで快感を吹き込んできました。

顔を猛烈な勢いで上下させ、淫らな音を立てながらペニスをすすり上げられると、甘美な刺激が背筋を這いのぼりました。

しかも首を螺旋状《らせんじょう》に振り回し、イレギュラーな刺激を吹き込んでくるのですからたまりません。

「あ、おおおっ」

江里子とは次元の違うフェラチオに、私は叫び声をあげるばかりでした。

熟女の魅力を再確認する一方、このままでは口だけでイカされてしまいます。

「ああ、お義母さん、お義母さんのも舐めさせてください！」

甲高い声で懇願すると、顔の動きがピタリと止まり、射精欲求が多少なりとも収まりました。

静江さんはそのまま体を回転させ、足を開いて私の顔を跨《また》いだんです。

ムワッとした熱気とふしだらな匂いが、鼻の奥を突き刺しました。

肉厚の花びらは左右にぱっくり割れ、真っ赤な粘膜は大量の愛液でうるおい、いまにも滴り落ちてきそうでした。

さすがは人妻だけにクリトリスも大きく、ひくつく肉の尾根に胸が妖しくざわつきました。

私は迷うことなく局部にかぶりつき、愛液をじゅるじゅるとすすり上げたんです。

「ン、ふぁぁっ」

甘ったるい声が耳に届きましたが、かまわず肉びらと肉粒に唇をこすりつけ、はたまた口に含んで吸い立てました。

静江さんは快感から少しでも気をそらそうとしたのか、ペニスをがっぽがっぽと咥え込み、射精願望がまたもや上昇カーブを描きました。

負けじと膣の中に指を入れ、抜き差しを繰り返していると、悲鳴に近い声が響き渡ったんです。

「もう我慢できないわ！」

「……え？」

静江さんは体を反転させ、私の腰に大きく跨《また》がりました。

あっけにとられるなか、亀頭の先端が陰唇の狭間に押し当てられ、ぬめぬめした感触に腰がひきつりました。

「ン、ンンっ……ああ、おっきい」

「あっ、あっ、入っちゃう」

ヒップが沈み込んだ瞬間、カリ首が膣を通り抜け、とろとろの膣粘膜が胴体をこすり立てました。

秘境の温泉に一人浸《つ》かっているような気持ちよさは、鮮明に覚えています。

ついにあこがれの義母と禁断の関係を結んでしまい、あまりのうれしさからペニスが早くも脈を打ちました。

罪悪感はまったくというほどなく、この時間を永遠に享受していたいという気持ちにさえ駆られていたんです。

ところが静江さんはしょっぱなから腰を猛烈な勢いで振り立て、膣粘膜が縦横無尽にペニスを引き転がしました。

「あ、おおおおっ」

大きなヒップが太腿をバチンバチーンと打ち鳴らし、ソファが激しい音を立ててきしみました。

あのときは、背骨が折れてしまうのではないかと思ったほどです。

「ああ、すごい、いい、気持ちいいわぁ」

髪を振り乱して嬌声をあげる美熟女の姿はとても悩ましかったのですが、凄まじいピストンの嵐に息が詰まる思いでした。

「うっ！　うっ！　うっ！」

「突いて、もっと突いて」

金切り声で懇願されたのですが、そんな余裕は少しもなく、射精を我慢することで必死でした。

それでも昂奮に次ぐ昂奮で、限界はとうに迎えていたようです。

ヒップがグリンと回転した瞬間、ちっぽけな自制心は粉々に砕け散り、睾丸の中の精液が荒れ狂いました。

「ああ、イクっ、イッちゃいます!!」

義理の母親の中に、精液を放出していいものか。

頭の隅に残る理性が自制心を手繰り寄せたものの、静江さんはすぐさま膣からペニスを引き抜き、愛液まみれの胴体をこれでもかとしごきました。

「あ、あっ、イクっ、イキますよっ！」

「いいわ、イッて、たくさん出して！」

できれば彼女をイカせたかったのですが、とてもこらえられません。女のように身悶《みもだ》えるなか、脳みそがどろどろに溶け、このまま死んでもいいとさえ思いました。

「ああっ！　イクっ！　イキますっ!!」

脱力したとたん、熱いかたまりが体外に放出され、鈴口から白濁液が速射砲のように放たれました。

一発目は首筋まで跳ね飛び、二発目、三発目も高々と舞い上がり、頭の芯がしびれるほどの快感にどっぷりひたりました。

「すごいわぁ……ホントに溜まってたのね。まだ出るわ」

「あう、あうっ」

合計、七発ほどは射精したでしょうか。

まさに精根尽き果てたという感じで、私は肩で息をしながらぐったりしました。

「はあふうはあ、ふう、はぁあぁっ」

「ふふ、かわいいわ」

「む、おっ」

静江さんはにっこり笑い、精液が滴るペニスを口に含みました。

先端をくちゅくちゅともみ転がされ、初めて体験したお掃除フェラに体が震え、感動さえ覚えました。

「さっぱりした？」

「あ、あの……」

「私は、まだイッてないのよ」

「え？」

言われてみれば、確かにそうなのですが、エロチックな微笑を目にした瞬間、なぜか背筋がゾクリとしました。

そのあとは二回もしぼりとられ、彼女をようやくエクスタシーに導いたのですが、私はもうヘトヘトの状態でした。

翌日からも、江里子が退院するまで毎日のようにエッチをせがまれ、もはや浮気などする気は消え失せていました。

あのときはもう耐えられないと思ったのですが、時間がたつと、激しいセックスが頭にちらついてしまうんです。

用事を無理に作っては静江さんに何度も連絡したのですが、無下な態度をとられるばかりで、誘いに乗ることはありませんでした。

いまとなっては、疑問が頭をかすめるんです。

ひょっとして私が浮気しないよう、江里子が静江さんに精を抜くように頼んだのではないかと。

まさか、そんなことはありえないとは思いますけど……。

息子夫婦の離婚危機をくい止めようと自らの体を息子に差し出し性生活を実技指導する母

藤堂加世子　主婦・四十七歳

都内で暮らす、ごく平凡といってもよい主婦です。

十歳近く年上の夫は、大手人材派遣会社の出世コースに乗っており、収入に不満はありません。その一方で、仕事は多忙を極め、帰宅は深夜になることが増えてきました。たまの休みの日も、家で一日中ごろごろうたた寝をしているか、取引先や会社の上司とゴルフに出かけてしまいます。

夜の営みもここ数年遠ざかっていて、さすがに夫の体力の衰えを感じますが、これが自然な夫婦なのだと思っていました。私も暇な時間にカルチャースクールに通ったり、そこで知り合った友人とお茶を楽しんだりと、自由に暮らしていたのです。夫婦仲も良好なほうだと思いますし、そんな毎日にこれといって不満はありませんでした。

そのような生活に大きな変化が訪れたのは、去年の春、一人息子の恭介《きょうすけ》が結婚してからのことです。大学でサークルの後輩だったという結婚相手は、恭介の四つ下で、由美《ゆみ》さんという二十四歳の娘さんでした。

挨拶にやってきた初対面のときから、私も夫も明るい印象の由美さんを、とても気に入りました。

結婚後の息子たちは、気軽に車で行き来できるほどの場所にマンションを借り、なにかと顔を出しました。特に由美さんは、暇を持て余している私に気を遣ってくれていたようです。しょっちゅう遊びにきては、二人で買い物にいったりいっしょに料理を作ったりと、ほんとうの娘がいればこんな感じかも、と思わせるほどでした。

もっとも、私はどちらかといえば女性としては長身のスレンダーな体型です。小柄でかわいい感じの由美さんとはまるで反対のタイプで、親子というには無理がありましたが。

息子夫婦に子どもができれば同居したいものだと、夫とよく話し合っていたものです。世間では嫁姑のトラブルがよく話題になりますが、私たちに関してはそのような心配は無用でした。

息子と由美さんが結婚して半年ほどしたころでしょうか、そんなある日曜日に四人でレストランに出かけたときのことです。いつもどおり、終始なごやかな雰囲気で私たちは食事を楽しんだのですが、途中でどうしても気になる瞬間があったのです。

それは、ワインに酔って上機嫌になった夫が
「孫はいつ出来るんだ？」

と、なにげなく言ったときでした。

恭介と顔を見合わせた由美さんがうつむき、表情を曇らせたのです。

夫は彼女が照れているのだと思ったようで笑いましたが、私は何かしら引っかかるものを感じたのでした。

その日はそれで息子夫婦と別れたのですが、ずっと気になっていた私は数日後、家に由美さんがやってきたときに、さり気なくそのことを尋ねたのです。

すると由美さんは動揺し、いきなり謝りだしたので私はびっくりしてしまいました。

けれど、ほんとうに驚かされたのはその先の話の内容です。

「もしかすると、私たち離婚するかもしれません。そうなったらお義母さんに、申しわけなくて」

「どういうこと？　原因は？」

「たぶん、私のほうだと思います」

由美さんが言うには、恭介との性生活が苦痛で仕方がないのだそうでした。

交際期間中にも何度かセックスはしたのですが、痛いばかりだったのだとか。ただ、男性は恭介しか知らず経験が浅かった由美さんは、初めのうちはそんなものだと思っていたとの話でした。ところが、結婚してからも気持ちがいいと思ったことはなく、ただ義務感だけで恭介を受け入れていたのですが、新婚にもかかわらずもう数カ月前からセックスレス状態だというのです。

それを、ずっと我慢して、私に打ち明けてくれた由美さんを、まずかわいそうに思いました。同時に、二人の先行きに不安を感じもしたのです。離婚の原因は性格の不一致がいちばん多いといわれていますが、その中にはかなりの割合でセックスの不一致が含まれていると聞いたことがあります。由美さんが「離婚するかも」と言ったのも、あながち大げさな話ではありません。

さらに私は由美さんから、衝撃的ともいえる話を聞かされたのです。

「私が拒否してばかりいるから、恭介さんは最近は不機嫌で、この間は『だったら、風俗店に行ってもいいんだな？』って言われてしまったんです。でも、私が悪いような気がするし、それも仕方がないかなって」

「そんなの、絶対にだめよ。私が恭介に説教してあげるわ」

私は反射的にそう口にしました。風俗店通いなど許せば離婚コースまっしぐらです。

けれどこの段階では、まさかあんなことになるとは、私は思ってもいませんでした。

次の日曜日に、話があるからと恭介を家に呼び出しました。こちらの親戚の問題で、由美さんには関係ないから一人で来るようにと念を押したのは言うまでもありません。

その日、夫は例によってゴルフに出かけており、家には私一人でした。それをよいことに、私は昼間からワインを飲みはじめました。冷静になってみれば、実の息子とセックスについて話さなければならないのです。しらふのままでは、緊張するというか照れくさくてそんなことできやしません。考えてみると、そんなことを思っていたのですから、このときにはまだ母親としての意識が強くあったのでしょう。

そんなわけで昼過ぎにやってきた恭介は、すっかり酔っていた私を見てとまどった様子でした。

「あなたも飲む?」

キッチンで恭介にワインをすすめながら、それでも最初は他愛のない世間話をしていたのですが、やがて恭介は何かを察したようでした。

「それで、親戚の話って何?」

そこで意を決した私は、酔いの力を借りて話を切り出したのです。

「あのね、恭介、由美ちゃんを怒らないって最初に約束して」

「何のこと？」

さすがにぎょっとした表情を浮かべた恭介に、私は由美さんから聞いたことに、自分の意見をまじえてぶつけました。

「夫婦なんだから、こういうことは時間をかけて二人で解決しなきゃ。とにかく風俗に行くなんて、由美ちゃんがかわいそうよ」

母の私とのセックスの話で照れもあったのでしょう、恭介は目をそらせて「由美のやつ、よけいなことをベラベラと」などとつぶやきながら、ワインを立て続けにあおっていましたが、きっとした顔で私に反論します。

「そんなことといっても仕方ないだろ、俺だって男だよ。たまには溜まった性欲を解消しなきゃならないし、むしろ由美のためを思っての提案だよ。いつまでたっても由美が痛がるんだから」

「ちょっと待って。由美ちゃんは自分に原因があるって言ってたけど、あなたのほうにも至らないところがあるんじゃないの？」

すると恭介は酔いのせいか羞恥心のためなのか、顔を赤らめて目を伏せました。

「そ、そりゃ、俺だってそれほど経験があるわけじゃないし。風俗行くって言い出したのは、由美とまたするときのための練習って意味もあったんだけど……」

私はその言葉を聞いて、とりあえずは由美さんを気づかっている部分があるんだな
と安心したと同時に、自分の息子ながらまだまだ子どもだと思いました。

そして、酔った頭で少し考えて、つい口にしてしまったのです。

「バカね、だったらお母さんが練習台になってあげるのに」

「え！　何言ってんだよ、母さん」

「どこの誰とも知らない女の人を相手にするくらいなら、私のほうが安心でしょ？」

とんでもないことを言っているのは、自分でもわかっています。けれど、とにかく
恭介を思いとどまらせたい一心でした。それでもう、引っ込みがつかなくなった私は、
躊躇《ちゅうちょ》する恭介の手を引いてバスルームへ向かったのです。

「ねえ、母さん、やっぱりやめようよ」

「いまさら何言ってるのよ。昔はいっしょにお風呂入ってたじゃない」

「それって、もう二十年以上前のことじゃん」

シャツまでは素直に脱いだものの、そう言って脱衣所で尻込みする恭介でしたが、
先に下着姿になった私は、彼のズボンとパンツを強引に引きおろします。

そして私は思わず「あっ！」と声をあげかけました。

まだ完全に立ち上がっていないにもかかわらず、恭介のその部分は予想を超えた大きさだったのです。

「ふ～ん、もっとよく見せなさいよ」

声は自然と上擦ったものになっていました。その場にしゃがみ込んだ私は、恭介のそれを軽く握って顔を近づけます。

「うっ、母さん！」

頭上から聞こえる恭介のうめきとともに、私の手の中でそれはみるみる大きさと硬さ、そして熱さを増していきました。やがて、ついに完全に起き上がった姿は、私の手でふた握りに余るほどの長大なものでした。長いだけではなく、頭の部分もかなりの大きさです。

これじゃあ、小柄な由美さんは痛がるはずだと、私は想像し同情してしまいました。さらに私の想像はそこで終わらず、自分ならどうだろう、この大きいものが入ってきたらとつい連想してしまいます。

その瞬間、私の中でどきんと血が脈打ちました。夫とはずっとご無沙汰で半ば眠りかけていた女そのものが、目覚めた感覚に襲われたのです。

私は、あわててそんな想像を振り払いました。

これは、あくまでも母親として息子への教育なのです。そしてそれは、かわいがっている由美さんの負担を軽くするためのものでもあります。けっして、女としての欲望を満たすためではないと私は自分に言い聞かせました。

それで息をととのえた私は、息子のものの根元を握ると、そっと先端にキスをして口いっぱいに頰張ります。

「あっ！」

恭介が息を吞み、体を硬直させました。

私は彼のものの太い幹を指先で柔らかくさすりながら、窮屈になった口の中で苦労して舌を使います。

しばらくそうやって舌の愛撫を続けているうちに、さすがに息が苦しくなった私は、息子のものからいったん口を離しました。

そのとき、私の指先に恭介のものがビクンと大きく震える感触が伝わりました。

「だめだよ、母さん！」

恭介が小さく叫んだかと思うと、熱い粘液が私の髪からひたいにかけて大量に振りまかれます。

「恭介、イクならイクって言ってよ」

「びっくりしちゃって。それにすごく気持ちよかったから、そんな余裕がなかったんだよ」

呆然《ぼうぜん》とした表情で立ちつくした恭介は、小さな声で答えました。母親を自分の精液で汚してしまったことで、複雑な思いに襲われているようです。それでも、彼のものは勢いを失わず、先端からまだ白い粘液を垂らしていました。

すぐに私は、シャワーで恭介に振りかけられたものを流します。私を見つめる恭介の視線は、刺すようなものになっていました。それは、息子として母親を見る視線ではなく、完全に男のそれでした。

私はといえば、久しぶりに感じた男の精液の匂いに、ドキドキと胸の鼓動が速くなっています。私もまた、母親から一人の女になっていたのです。

息子に対して、許されない領域に足を踏み入れてしまった感覚はもちろんありました。けれど、これも恭介と由美ちゃんのためだと思い直し、いくらかでも罪悪感を薄めようとします。

私は背を向けて髪を洗いながら自分の気持ちをごまかすように、いまは浴槽に浸かっている息子に質問を投げかけました。

「由美ちゃんは、こういうことしてくれるの？」

「うん、いちおうは。でも、やっぱり慣れてないせいか、母さんほど上手《うま》くはないよ」

「だったら、あなたが教えてあげなさい。セックスって、挿入だけじゃないのよ。口で満足できれば、それはそれでいいじゃない」

「でも、早く孫が欲しいんでしょ？　口だけじゃあ、いつまでたっても子どもは出来ないよ」

そして、浴槽の中で恭介が立ち上がる水音がしたかと思うと、そのまま私に歩み寄る気配のあと、いきなり背後から抱き締められました。

いつの間にこんな逞しくなったのかと思えるほどの、息子の強い力でした。

「いま、出したばかりでしょ」

言いながらも、母親としての罪悪感と女の情欲の間で揺れつづけていた私は、もう何も考えられなくなりました。

「由美とずっとしてないの、知ってるでしょ？　溜まりすぎて、一度だけじゃ満足しきれないんだ」

恭介は硬く大きなものを私のヒップに押しつけながら、耳元で訴えます。

我慢できないのは私も同じでした。この瞬間、私の理性は完全どこかへ飛び去ってしまったのです。

さらに恭介は、強引に私の顔を振り向かせると、唇を合わせて舌を差し入れます。私はそれがあたりまえであるかのように、それにこたえて舌をからめました。まるで、母親と息子から、男と女になった契約を交わしたような気分です。

「ね、待って。続きはベッドで」

やっと私は小さな声で言ったのでした。


恭介は、先にバスルームを出て寝室に向かいました。

私は一人脱衣所で体の水気をふくと、バスタオルを体に巻いた姿で、鏡に向かってドライヤーで髪を乾かします。

それでほんの少しだけ冷静さを取り戻した私は、自分の気持ちを確かめました。

もう、後戻りをする気はありません。けれど、単なる男と女ではなく、母と息子でもあるのです。由美さんのことを言いわけにしているものの、タブーを犯すという罪悪感がありました。

それでも覚悟を決めた私は、寝室に向かいます。

ドアを開けると、素っ裸でベッドに腰かけている恭介が目に入りました。

まるで見せつけるように、その股間の真ん中で直立している長大なものを隠そうとはしていません。

それを目にした瞬間、あんなものが私の中に入ってくるのかとまた想像してしまい、目まいに似たものを感じました。事実、私のあの部分はそれだけで、ぬるりとしたものがしみ出した感触があったのです。

けれど、意識して自分を抑えた私は、ベッドの恭介の隣に腰をおろしました。

「じゃあまず、あなたがこれまで由美ちゃんにしてきたみたいに、やってごらんなさい」

その言葉が終わらないうちに、恭介は私を横抱きにするやいなや、乱暴にベッドへ押し倒しました。

「母さん!」

そのまま手は荒々しく私の胸をもみ、乳首を強く吸いはじめます。それも、ほんの短い間でした。すぐに私のあの部分に指を伸ばし、やみくもにいじり回して湿り気を確認すると、恭介はいきなりのしかかりいきり立ったものを押しつけます。

私は息子を押し止め、腕から逃げ出しました。

「ちょっと待って、ほんとうにこんなふうにしていたの?」

「うん、まあ、あそこも濡れていたし」

思わず私はため息をついて、母親の口調を取り戻します。

「ちょっとくらい濡れてるからって、あせって入れようとしちゃだめ！　これじゃあ、経験の浅い由美ちゃんが痛がるのも、あたりまえよ。さっきもいったけど、挿入だけがセックスじゃないわ。ただでさえあなたのは大きいのだから、もっとていねいな前戯をしなくちゃ」

「でも、どうすれば……」

私は息子の前であおむけになたまま、M字に脚を広げました。

「舌を使って、優しくね」

恭介は素直に言われるまま、私のあの部分に顔を埋めました。

その行為の間も、私はあれこれと指示を出します。まるで、母親と女が混ざったような不思議な気分でした。

「母さんはスタイルがいいし、色も白くてなめらかで、すごくエッチな眺めだよ」

そう言いながら、やがて恭介の舌先はいちばん敏感な突起を探し出します。

私の腰は意志とは無関係にピクンと浮き上がり、喘ぎ声が口から洩れました。

この瞬間、私は母親を忘れ、完全に女そのものとなったのです。もう、相手は息子ではなく、私を抱いてくれる男としか意識できなくなっていました。

「あっ、そうよ、その調子で続けて」

喘ぎ声の合間に、私はそれでも指示を出しつづけます。

ただこの場合、指示というよりも女としての懇願といったほうがふさわしかったかもしれません。

「すごい、シーツにしみができてる。ほんとうに濡れるってのは、こういうことだったんだね」

「入れるのは、由美ちゃんがせめてこんなふうになってからにしてあげて」

かすれ声で言った私の言葉に、恭介は上になると念を押しました。

「それじゃあ、入れてもいいんだね？　母さん」

「うん。あせらないで、優しく少しずつね」

私は手を伸ばし、息子の大きなものの根元を軽く握ると、ぬるぬるになった自分の部分に先端を誘導します。

すぐにあの部分が、無理やりに押し広げられる感触がありました。

そのまま、なかなか前進できないでいた恭介のものが、ぬめりの助けを借りて、やがて入り口を突破します。

「入ったよ、母さん！」

「ううっ！」

恭介のもので、わたしの中はいっぱいに満たされました。

とうとう息子としてしまった、という後悔が心をよぎりましたが、それは一瞬でした。もう、私の女の部分はどうにも止まらなくなっています。

恭介が私の中で動くたびに、気がつくと私は悲鳴に近い声を振り絞り、体を波打たせていました。

「イクよ、母さん！」

そして、恭介のものが私の中でさらに大きくなったかと思うと、体の奥に熱い粘液を注ぎ込まれた感覚に襲われたのです。

「ああっ、あーっ！　私も！」

合わせて、私も腰がガクガクと動き、頭の中が真っ白になったのでした。

「すごいよ、母さんの中が、からみついてくるようだった」

まるで遠くから聞こえるような息子の言葉を耳に、汗まみれでぐったりとした私は小声でやっと答えました。

「由美ちゃんにも、いまみたいにしてあげるのよ」

それからも、私と恭介はひと月の間に三度、母と息子で交わりました。

これで終わらせてすべてを忘れようと言ったのは、私のほうからです。これ以上は、なんとか保っていた母子関係が完全に壊れ、歯止めがきかなくなる予感がありました。

その後も、何食わない顔で由美さんとは会っています。

彼女は夫婦生活の悩みについて、口にしなくなっていました。それどころか、恭介はまるで人が変わったように、優しくなったと聞かせてくれました。

その笑顔に、私が息子にしたことはむだじゃなかったのだなと思い、罪悪感がいくらかは薄れた気がします。

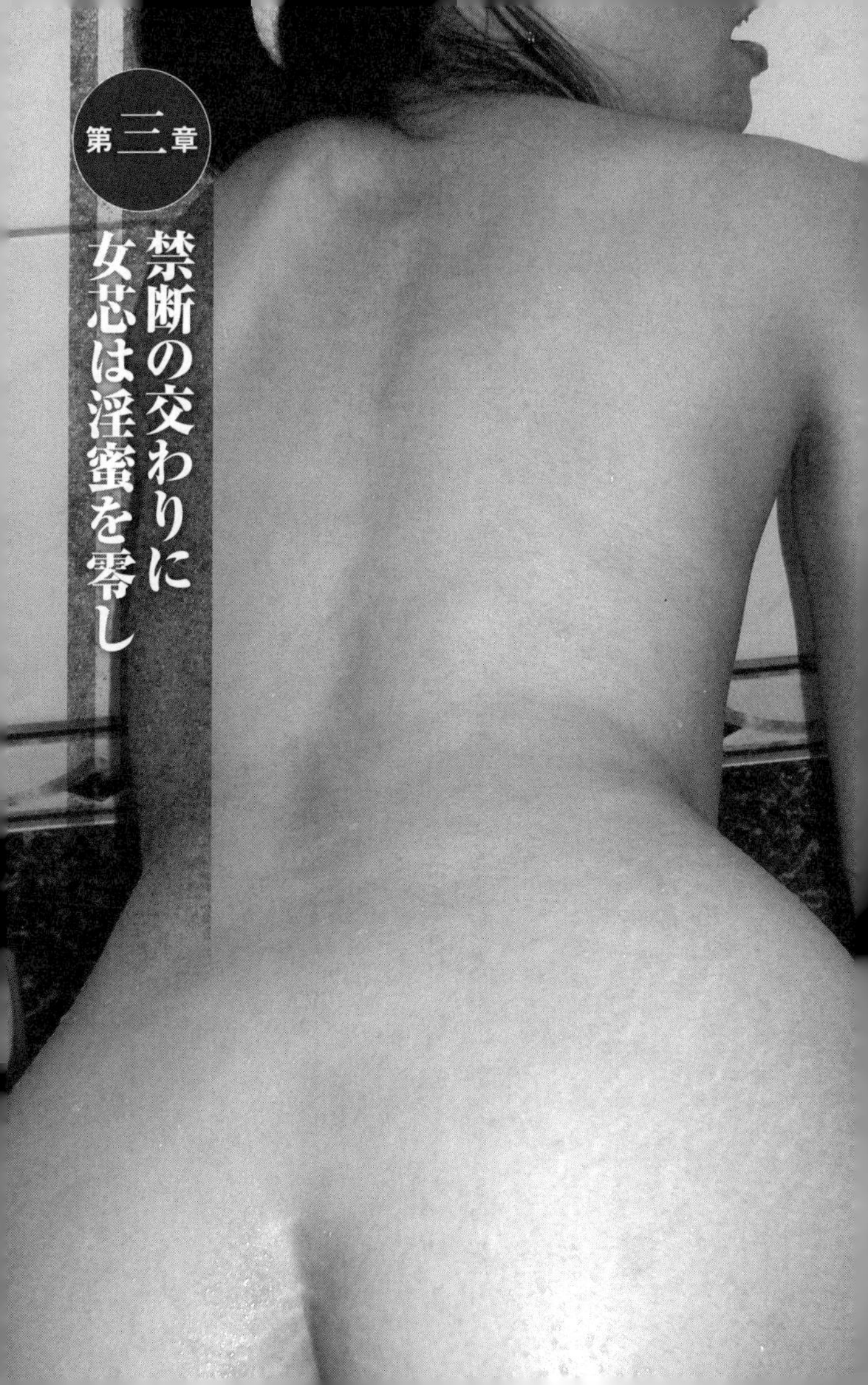

第三章

禁断の交わりに女芯は淫蜜を零し

家を出て丁稚奉公することになった私を思い母が淫らで熟れた女の体を教えてくれて……

高木和男　無職・八十五歳

私は戦時中に東北地方の貧しい農村で生まれました。

八人兄弟の五番目だった私は、農家をしていた両親にすくすくと育てられました。しかし父は戦死し、母は女手ひとつで私たち八人兄弟を育てなければならなくなったのです。

狭い家には大家族がすし詰めとなり、毎日ひもじい暮らしをしていました。食べ物もろくにないので、木の実や盗んだ野菜で飢えをしのいでいたものです。

あれは忘れもしない昭和二十七年の出来事です。

その当時は珍しいことでもなかったのですが、貧しい家庭では口減らしのために、子どもを職人や大きな商家の元に預けて働かせていました。いわゆる丁稚奉公《でっちぼうこう》というやつです。

私も中学校を卒業すれば、村の外へ大工修行に出されることが決まっていました。まだ私は十五歳になったばかりで、世間のことはまったく知りません。大工修行に出るのも、私の知らないところで勝手に話が決められていたのです。

いったん丁稚奉公に出てしまえば、厳しい修行だけでなく生活も制限されることになります。

自由に家に帰ることもできず、一人前になるまで下働きの毎日。そういう生活が何年も続くのです。

しかし私は拒《こば》むことができない立場でした。家の働き手は上の兄たちがいるし、私は余分な人間だったのです。

家族の苦しい生活を助けるには、自分が犠牲になるしかない。仕方のないことだと諦めるしかありませんでした。

家を出る日が近づくにつれ、憂鬱《ゆううつ》でさびしい毎日でした。

そんな私の不安を和らげてくれたのが、優しい母の笑顔でした。

母の光江《みつえ》は当時、四十四歳でした。朝から晩まで働き詰めで、顔も真っ黒に日焼けしています。

着ているものは粗末な着物ばかり、もちろん化粧など私の前でしたことは一度もありません。

しかし生まれついての美人だったのは、子どもの目からもわかりました。嫁入り前は村でも評判の美少女だったそうです。

母は貧しい生活でも私には常に優しくしてくれました。多くの兄弟の中でも私は特に甘えん坊で、それだけに母と離ればなれになるのがなによりもつらいことでした。

そしていよいよ私が村を出る前の日のことです。珍しく母が、私を村の外まで散歩に誘ってきました。

兄弟が多いので、母と二人で散歩をしたことなど数えるほどしかありません。

二人きりで田舎の道を歩きながら、母はさびしそうにこう語ってくれました。

「黙って家から追い出すようなまねをして悪かったね。私もほんとうは誰も離れてほしくはないんだよ」

私にも母のつらい気持ちは痛いほどわかっていました。だからこそ私は無理して明るくふるまい、少しでも母の負担を和らげようと思いました。

「だいじょうぶだよ。おれ、昔から大工になりたかったから。一人前になったらまた村に戻ってきて、母ちゃんのために立派な家を建ててやるよ」

そんな嘘をついてみせても、母の顔は暗いままでした。

すると村をはずれて人けのないあぜ道に来たときでした。不意に母が立ち止まり、木陰《こかげ》に私を連れ込んだのです。

「あんたはこれから何年も、男ばかりの中で修行をする生活なんだよ。女の体が欲しくなっても、ずっと我慢をしなければいけないの。それがどれだけつらいか、私にもよくわかってる」

そう言うと、母は突然私の前で着物をはだけてみせたのです。

「ど、どうしたんだよ、母ちゃん……」

「だからせめて、私の体で女を知っておくれ」

当然ながら私はとまどいました。母がまさかそのようなことまで心配していたばかりか、信じられないような言葉を私に言ったからです。

しかし着物を脱いで裸になってゆく母を見て、思春期だった私の逸物は激しくたぎりはじめました。

これまで母の裸は幾度も家の中で見てきました。狭く隠すような場所もないため、着がえもすべて家族の前でやっていたのです。

そのときも私はひそかに母の裸を盗み見し、興奮を覚えていましたが、この日の母はさらに淫らでした。

着物の下は下着など身に着けておらず、ふっくらとした乳房が露になっています。年を重ねてやや張りを失っているものの、豊かなふくらみでした。見せつけてきたのは乳房だけでなく、股間もすべてです。濃い繁みが、黒々と生え広がっていました。

はだけた着物を地面に置くと、全裸になった母が近づいてきました。

「そのまま、動かないで」

そう言われるまで、私は母の姿に見とれていました。

まじまじと裸を上から下までじっくりと眺めていると、母は微笑みながら手を伸ばしてきました。

「あっ」

母がさわった場所は私の股間でした。着物の上から勃起した逸物を包み込み、さすってくれたのです。

「あんたも、こんなに大きくなってるじゃない。私の裸を見てこんなになってくれるなんてうれしいよ」

母になでられている股間から、じんわりと快感が広がっていきました。

もちろん私はまだ女を抱いたことはありませんでした。自慰は家族に隠れてこっそりとしてはいましたが、母に見られてはいないはずです。

それでも母は私の心を見透かしたように、私が女の体に興味を持っていることを言い当てました。

「もう年ごろだからね。あんたのやりたいことは、ちゃんとわかってるんだよ」

耳元でささやきかけながら、もう片方の手を私の背中に回し、抱き締めてくれました。

こうして体を抱かれたことなど幼いころ以来でした。密着した母の体がとても温かく、なつかしい気持ちになれました。

しかしその一方で、胸板に押しつけられた乳房の感触に、私の心臓は激しく高鳴っていました。

「遠慮しないで、あんたも好きなところさわってもいいんだよ」

私がそうしたいことを、母もわかっています。しかし母の体に手を出すなんて、とてもできませんでした。

私にとって母は誰よりも大切な家族です。どんなに欲情をしても、母を汚すようなまねは考えられませんでした。

だからこそ私は母に促されても、必死に自制心を保って我慢していました。

「しょうがないねぇ」

苦笑いをした母は、じれったそうに私の頭を抱え込み、乳房のふくらみへ導きました。

「ほら、やわらかいだろう？　このおっぱいを、あんたは小さいころ痛いほど吸ってたんだよ」

目の前にある乳房は、すっかり乳首が黒ずんでいます。八人兄弟をすべて母乳で育ててきた苦労が、現れているようにも見えました。

いったん顔を埋めてしまうと、しっとりとした肌ざわりのやわらかさと温かさが、少しずつ私の自制心を奪っていきました。

恐るおそる手のひらで乳房を包み込み、じっくりともみしだきます。それから母の言う子どものころのように、乳首を口に含みました。

「うふふっ」

くすぐったそうな母の声が耳に届きました。

ほんの少しだけ乳首を吸わせてもらったら、もうこんなことはやめよう。母の気持ちだけをありがたく受けとって、散歩にきた道を引き返そうと私は思っていました。

しかしどうしても乳房から顔が離せません。少しずつ手にも力が入り、気がつけば私のほうから母の体を抱き寄せていました。

股間をまさぐる母の手も、着物の中にまでもぐり込んできています。

生まれて初めて、他人に勃起した逸物をさわってもらいました。冷たい肌ざわりがすぐに温かくなり、得も言われぬ快感が広がりました。

しばらくの間、私たちは無言で互いの体を愛撫し合っていました。

「んっ……」

夢中になって乳首を吸っていた私は、母の苦しそうな声が聞こえてあわてて口を離しました。

「ごめん、母ちゃん、痛かった？」

「ううん、違うんだよ。あんたがいっぱい吸ってくれるから、気持ちよくなって声に出ちゃったんだよ」

見上げた先の母の顔は、少し恥ずかしそうにしていました。

よく見れば私が吸っていた乳首だけが、ぷっくりとふくらんでいました。それが快感によるものだとは知らず、私は不思議な気分でそれを眺めていました。

「どれ、あんたも脱ぎなさい」

まだ着物を脱いでいなかった私は、母に言われるままに裸になりました。

勃起した逸物を見た母は、驚いたように目を見開いています。

「昔はあんなにちっちゃかったのが、こんなになるなんてねぇ。ずいぶん大人になったもんだよ」

逸物と私の体を見比べながら、母は私の幼かったころを思い出していたのかもしれません。いまでは背丈も母を追い越し、逸物も立派に成長していました。

すると逸物を手に握っていた母が、おもむろに目の前に屈み込みました。

まだ私は母が何をしようとしているのか、まったくわかっていませんでした。逸物の先を顔に近づけても、どうしてそんなに近くで見ているのか疑問に思っただけです。

「いいかい、よく見とくんだよ」

母は私にそう告げると、なんと舌を出して逸物を舐めはじめたのです。

「か、母ちゃん」

驚きのあまり、私は母の顔から逸物を遠ざけました。

「どうしたんだい。気持ちよくなかったの？」

「だって、そんなことをしたら汚いじゃないか」

もちろん私は散歩に出る前に逸物を洗ってなどいません。小便の汚れが残っているはずなのに舐めてしまうなんて、病気になりはしないかと心配になったのです。

ろくに情報もない戦後の時代、田舎育ちの私の知識はその程度でした。フェラチオという言葉さえ、まったく知らなかったのです。

しかし母は私とは違い、知識も経験もあったようでした。おそらく生前の父とは、何度もそのような行為をしていたのでしょう。

「いいから、私に任せといて。すぐに気持ちよくなってくるから」

再び舌が裏筋を走り抜けると、今度はこそばゆさの中に快感が広まりました。

逸物を舐められる快感を味わった私は、それ以上拒むことはできませんでした。母にされるがまま、おとなしく股間を突き出すだけです。

母の舌は逸物のあらゆる場所に這い、舐め回しました。

それだけではありません。唇を逸物の先にこすりつけると、そのまま呑み込んでしまったのです。

「おおっ」

唇の奥に吸い込まれた私は、股間に走る刺激に声を洩らしてしまいました。

初めて味わう口の中の感触は、とてつもなく温かくなめらかでした。

たっぷりの唾液が逸物を濡らし、やわらかく包み込んできます。唇もしっかりと根元を締めつけているので、もう逃げられません。

さらに舌が逸物の先で動きはじめると、私は立ったまま快感に身を委ねるしかありませんでした。

母は緩やかに唇を揺らしながら、頬をすぼめて吸いついてきます。

その眺めはとてつもなく淫らで煽情的でした。私の逸物を呑み込む母の姿など、想像したこともありませんでした。

「ああ、母ちゃん」

興奮のあまり私は鼻息が荒くなり、股間にある母の頭に手を置きました。

「ンッ、ンッ、ンンッ……」

顔が動くたびに、母の唇からくぐもった声が洩れてきます。

母は私のためにこんなことまでしてくれるのだ。私を家から出すのを申しわけないと思い、その罪滅ぼしを込めて逸物を咥えているのだと、そう思うようにしました。

それならば私も、母へ淫らなことをする罪悪感を薄れさせることができます。

この日だけは母のことを、恋人だと思えばいいのです。それが母への恩返しになるのなら、遠慮をする必要もありません。

ためらいを捨てた私は、母に逸物を咥えさせたまま、自ら腰を動かしました。

口の奥へ先端が届いても、母は逸物を離そうとはしません。どんなに苦しかろうと最後までやり遂げるつもりのようです。

「出すよ、母ちゃん！」

強烈な快感で背筋にしびれが走りました。

私は母の頭に股間を押しつけながら、精液を発射したのです。

「ううっ」

立ったまま射精するうちに、腰が砕けそうになりました。この世ではない天国に昇ってゆくような気分でした。

ありったけのものを吐き出してしまうと、ようやく私は母の口から逸物を抜きとりました。

そのとき母の苦しそうな顔を見て、罪の意識が蘇ってきました。

「ごめん、苦しかっただろ」

「いいんだよ。あんたのためなんだから」

口からは私が出した精液が白く糸を引いて垂れていました。母は少しも私に恨み言を言わず、それればかりか射精した逸物をきれいに舌で舐めふいてくれました。

すでに私は、母に口で奉仕してもらっただけで満足していました。これ以上のことを望んでは罰が当たる、そう思い母に「帰ろうか」と告げたのです。

「何言ってるんだい。まだ男にしてやってないだろう」

母はそう言って私のことを離しませんでした。思い残すことがないよう、体を捧《ささ》げてやるのが自分の役目だと、そう信じ込んでいるように見えました。

　私としても、口ではどう言おうと、女を抱いてみたい欲求は消えてはいません。だからこそ、母の体を使った誘惑には逆らえませんでした。立ち上がった母に「おいで」と手招きをされると、私は後を追うしかありませんでした。

　母は草むらの寝床になれるような場所へ私を導き、そこに横になりました。

「いいかい、よく見とくんだよ」

　私にそう告げると、おもむろに大きく足を開いてみせたのです。

　初めて見る母の女の部分でした。これまで家で裸をのぞき見ることはあっても、ここまであからさまに母が股間をさらけ出したことは一度もありません。

　母も私の女体への興味を知っていたからこそ、最後にしっかりと見せてくれたのでしょう。

　私は母の股間に顔を近づけると、食い入るように観察をしました。

　毛におおわれた谷間の内側に、濃い桃色の肉が広がっています。複雑な襞や小さな穴までが、奥から顔を出していました。

　心臓に突き刺さるようななまめかしい眺めに、興奮が再び呼び起こされました。

「ほら、穴が開いているのが見えるだろう。ここにあんたのを入れるんだよ」

射精したばかりの逸物まで、母の言葉で勃起を始めます。

さらに母の導きで、わずかにうごめく穴に指を入れさせてもらいました。中はとても熱い上にやわらかく、食いつくように指を締めつけてきます。

「母ちゃん……おれ、もう我慢できない」

先ほどとは打って変わり、私から母にせがんでいました。

しかしすぐに挿入しようにも、経験も知識もない子どもです。どうすればいいのか、母の体の前で困惑していました。

そんな私に母は、優しく手を差し伸べてくれました。

「あわてなくてもいいからね。落ち着いて、あんたのものをここに押しつけるんだよ」

私は言われるままに、開いた足の間に体を割り込ませました。

次に逸物をゆっくりと谷間にこすりつけ、そのまま奥に突き刺すように言われました。

あれほどの興奮と緊張は一度しかありません。いよいよ母とひとつにつながると思うと、武者震いをしてしまいました。

何度もこすりつけた逸物で狙いを定め、ゆっくりと腰を突き出します。

すると、ねっとりとした熱いものに逸物が吸い込まれました。

「おうっ」

あまりの快感にこらえきれず、叫び声が出てしまいました。

私が挿入した穴は、呑み込んだ逸物を強く締めつけてきます。しかもただの狭い穴ではなく、熱いぬかるみが奥まで続いていました。

まるで腰が溶けてしまうような刺激に、私は息が止まりそうになりました。

「ああ……あんたのって、とっても硬いんだね」

見れば私だけではなく、下にいる母まで恍惚《こうこつ》とした顔をしています。

「母ちゃんも気持ちいいの？」

「そうだよ。あんたに抱かれて、久しぶりに女に戻った気分だよ」

初めて見る母の女の顔に、私は衝動的に口づけをしてしまいました。

母はそれさえも受け入れてくれ、私の口を吸い返してくれたのです。親子でありながら私たちはまるで恋人同士のように、熱い口づけを続けました。

私は体を重ねたまま、腰だけをひたすら押し込んでいました。

そうするとふさがれた母の唇から、「うんっ、んんっ」と鼻にかかった声が洩れ聞こえてきました。とても色っぽい、艶のある声でした。

何もかもが初めての経験だった私は、腰の動かし方や力加減などわかりません。欲望の赴《おもむ》くまま、激しく逸物を打ち込むだけです。

そのがむしゃらさが、母には大きな快感につながったようです。

「ああっ、そんなに……いいっ、いいっ」

次第に母の喘ぎ声は大きく響き渡りはじめました。

私たち親子が交わっている姿が、通りがかった人に見つかればたいへんです。それでも私には腰の動きを止めることはできませんでした。

やがてぬかるんだ穴は洪水のようになり、ついには入り口にまで液が溢れ出してきました。

女性は感じれば感じるほど、股間が濡れてくるのを知ったのはそのときです。母の濡れっぷりは、相当なものでした。

私も母の体を抱きながら、込み上げてくる快感で夢心地にひたっていました。

こんなにも気持ちのいいことがこの世にあるなんて、信じられない気分です。

もはや私の中に理性など残ってはいません。ひたすらむさぼるように腰を振り、射精することしか頭にありませんでした。

「あっ、あっ、和男《かずお》、ああっ」

すると母は喘ぎながら、この場所へ来て初めて名前で呼んでくれました。

私はますます母が愛おしくなり、最後の力を込めて逸物を深く打ち込みました。

「ああっ、母ちゃん」

体を押し潰さんばかりに体重をかけ、動きを止めます。

そのままこらえてきたものを、一気に吐き出しました。快感に押し流されるままに母の体の奥深くで射精をしたのです。

すべてを出し終えるまで、私は母の体にしがみついたまま身動きをしませんでした。

ふと気がつくと、下から母が優しい笑顔で私を見上げていました。

「満足したかい？」

「うん、母ちゃんありがとう」

母へ礼を言った私は、もう思い残すことはないと満足し、乳房に顔を埋めたのです。

日が暮れるまで母と二人きりで過ごした私は、翌朝には家族に見守られて村を後にしました。

見送る母の泣き顔を見るのは切なく、私まで泣き出してしまいました。離ればなれになってもいつでも思い出せるように、しっかりと母の姿を目に焼きつけて、一人前の大工になると誓いを立てたのです。

あの日から七十年が過ぎました。私は修行後に一人立ちをして小さいながら工務店を経営し、息子に跡を継がせました。

年老いたいまは、落ち着いた幸せな暮らしをしています。ときおり昔の記憶をたどっては、亡き母とのなつかしい思い出にひたる毎日です。

妻には申しわけない限りですが、私は妻の母、つまり義母を愛しています。妻の母は美しく、初対面のときから好意を持っていました。

結婚して三年目に、そろそろ子どもを作ろうという話になり、そのころ住んでいたマンションは子育てに手狭だったので、妻の実家で義母と同居する話が出ました。もちろん私に否はありませんでした。

妻の父は妻が小学生のころに亡くなっていて、義母は女手ひとつで妻を育てたのですが、つまり義母はずっと未亡人だったわけで、私はそれをもったいないと思わずにはいられません。いっしょに住むようになって、その思いはいっそう強まりました。四十五歳、女盛《ざか》りの義母はほんとうに美しく、私は妻を抱きながら、義母とセックスすることを夢想することもしばしばでした。

やがて妻は妊娠しました。こんな言い方は妻にも義母にも失礼ですが、セックスの相手をなくして、私の義母への思いはさらに募《つの》りました。検査で入院した妻の留守に、私は義母に思いのたけをぶつけて迫ることにしました。この機会を逃せばまた悶々《もんもん》とした片思いを続けることになり、そんな生活には耐えられそうになかったのです。

そんな気配を察していたのでしょうか。二人で食卓に向き合っての食事中も、義母は言葉少なく、会話はいつにも増して途切れがちでした。食事を終えて後片づけに立つ義母の後姿を見ながら、私は意を決しました。立ち上がると義母の背後に忍び寄り、いきなり抱きすくめたのです。

「ちょっと、いや。やめて！　そんな冗談はだめ！」

もがく義母を抱きすくめ、こちらを振り向かせて唇を奪いました。顔をそむけて逃れようとする義母と間近で見つめ合うことになりました。

「お義母さん、好きです。冗談なんかじゃありません。ぼくは、お義母さんが好きなんです……！」

そう言って、再びキスしようとしましたが、顔をそむけられ、腕を突っ張られてかないませんでした。

「何を言ってるの。留美《るみ》（妻の名前です）になんて言うつもり！」

「何も言いませんよ。黙っていればいいんです」

私はあらためて義母を抱きすくめ、着衣の上から胸をもみました。妻とは違って豊満な胸は、ほとんど巨乳と言っても差し支えないでしょう。

「あ、だめ。そんな……！」

義母が両腕を胸の前で交差させ、背中を丸めてガードします。そういうことならと、狙いを下半身に向けました。スカートに手を挿し入れて股間をわしづかみにしました。

「ああ！」

義母は悲鳴をあげましたが、そこには恐怖や嫌忌だけでなく、女が性感を刺激されたとき特有の媚びも感じられました。意を強くして、私はそのまま義母を食卓に押し倒しました。スカートを思いきりめくり上げると、ベージュのパンティが露になりました。装飾のない実用的な下着でしたが、私にとっては十分すぎるほど煽情的に感じられました。股布に指をくぐらせて挿し入れると、陰毛の奥に、生肉の感触がありました。

「ひい……！」

息を呑んで身をよじりながらも、義母はそれ以上指を進ませないように脚を閉じて抵抗しました。いくら脚を交差させて力んでも、すでに指先は陰部に届いています。

指先をかぎ状に曲げ伸ばしすれば、快感を送り込むことだってできました。

「あ、あ、あん。だめ。あ、やめて……！」

義母の声が、どんどんなまめかしくなるのを聞き逃したりはしません。指先にも、確かなうるおいが感じられました。

「いやだったら！」

義母が両腕を突っ張って、私の胸を突き飛ばしました。不意を突かれて思わず後ずさってしまいました。そのすきに食卓を降りて逃げ出そうとする義母でしたが、逃がすわけにはいきません。私は体勢を立て直して、義母の手首をつかんで抱き寄せました。そのままあらためて、もろともソファに倒れ込むように座りました。

「ね、お願い。もうやめて。離して……！」

並んで座る格好になりましたが、肩に回した腕でしっかりと捕まえていますから、そう簡単には逃げられません。私はもう一方の手を義母の鼻先に突きつけました。さっきまで彼女の股間に挿し込まれていた指です。それははっきりと愛液で濡れていました。

「ほら、これ見てくださいよ。こんなに濡れてるじゃないですか。気持ちよかったんでしょ？　感じてたんでしょ？」

「そんな、違う……！」

義母の頬が恥ずかしさに赤らむのがわかりました。同時にへなへなと体から力が抜けました。

「もう何年もセックスしてないでしょ？　こんなに魅力的なのに、もったいなくないですか？」

ここぞとばかりに畳みかけます。

「好きなんです。お義母さん……！」

そう言い募りながら、私は手早くお義母さんの上着をまくり上げ、背中に手を回してブラジャーを剝ぎとりました。美しい巨乳が露になります。夢にまで見たお義母さんの乳房です。もういてもたってもいられませんでした。私は無我夢中で豊満な乳房をもみしだき、その乳首に吸いつきました。

「はあん、ああん……！」

義母が敏感に感じて喘ぎ声をあげました。私は義母の胸に顔を埋めて、存分に乳房をたんのうしました。柔らかい乳房に指先が沈みます。重さを確かめるように下から軽く持ち上げて愛撫しました。もう一方の手を下半身に向かわせます。あらためてスカートの中に手を挿し入れました。やはり抵抗を示した義母ですが、さっきよりはずっと控えめな抵抗でした。内腿をなでさすりながら指を這い登らせ、そのまま脚を開かせました。指先を股布から挿し込むと、もうそこはびしょびしょに濡れていました。

「こんなに、濡れてるじゃないですか。まるでおもらししたみたいですよ？」

思わずそう言うと、義母は恥ずかしさに顔を真っ赤にして首を振りました。

「言わないで……」

その様子はとてもかわいく、少女のようでさえあり、嗜虐欲をそそりました。

両脇に指をかけて、パンティを一気に脱がせました。ソファに寝転ばせた義母の脚を大きく開かせます。陰毛に縁どられた控えめな女陰が、目の前にありました。躊躇することなく私はそこにも顔を埋めてむしゃぶりつきました。

「ああ！　あん、あん、ああん！」

義母は喘ぎ声をあげて敏感に反応しました。潤沢な愛液と私の唾液が混じり合って床に垂れました。陰唇を開いて膣口からクリトリスへと舐め進みます。包皮を剝いた剝き身のクリトリスに吸いつきました。

「はあん……！」

腰が跳ねて、恥骨が鼻先にぶつかりました。でもそんな痛みにひるんでいる場合ではありません。今度は膣口に指を突っ込みました。十分に濡れそぼった膣口はやすやすと指を迎え入れました。

「ああ……！」

また腰が跳ねましたが、尻に手を回して抑え込むことができました。指で膣内をかき回しながら、あらためてクリトリスにむしゃぶりつきます。

「ああ、そんな。そんなに、激しくしたら……！」

敏感すぎるくらいに敏感な義母は、すでに絶頂が近いようでした。さらに愛撫を強めます。口に含んだクリトリスを吸い上げ、口の中で舌で翻弄《ほんろう》しました。さらに膣内の手前、恥骨の裏側あたり、いわゆるGスポットを狙って指でかき回します。

「ああ、だめ。やめて。お願い。そんなにしたら、そこ、そんなにされたら、イッちゃう。イッちゃうから……！」

この状況でだめと言われてやめるバカはいません。私はさらに激しく刺激を送り込みました。

「ああ……！」

ヨガリ狂っていた義母が急に黙り込みました。開かせた脚がピンと伸び、私の側頭部を絞めつけます。絶頂でした。首尾よく義母をイカせたことで大きな満足感が込み上げます。立ち上がった私は、脱力した義母を見おろしながら、衣服を脱ぎました。

「ねえ、もうやめて。お願いだから、ここまでにして……」

全裸になった私を見て我に返ったらしい義母が、懇願しました。

「自分だけイッといて、それはないでしょう」

私のペニスはとっくに勃起しています。それをあえて義母に見せつけるようにして向き直りました。

「俺のも、やってくださいよ」

ソファの上に身を起こした義母の鼻先にペニスを突きつけます。

「できませんか？　あれだけ醜態をさらして、いまさらとりつくろっても仕方ないでしょう。さっきみたいに、もっと自分の欲望に正直になればいいんです」

恨みがましい目で私を見上げながらも、やがて観念したのか、おずおずと義母が私のペニスに手を伸ばしました。指が茎に絡みつきます。久しぶりだからでしょう。慣れない手つきでしたが、それがまた好ましく感じられました。

「亡くなったお義父《とう》さんのと比べて、どっちが立派ですか？」

ちょっと気になって、そんなことを聞いてしまいました。

「そんなの、わからない。もう何年も前だし……」

「忘れちゃったんですか？　意外と薄情なんですね」

いやな言い方になってしまったかもしれません。義母は少しムッとしたような顔になり、私のペニスをチラ見してから、顔をそむけました。

「たぶん、あなたのほうが、大きい……」

義母はそう言って、また少女のように顔を赤らめました。そんな様子にさらに勃起が激しくなります。ひと回り大きく、硬くなって、ビクンと跳ねました。

「口でしてください」

あらためてペニスを義母の鼻先に突きつけます。ぐいと唇に亀頭を押しつけましたが、義母は口を堅く閉ざして、フェラチオしてくれません。

「お義父さんにしていたみたいに、俺にもしてくださいよ」

私は言い募りましたが、義母は目に涙をためて私をにらみました。

「だって、そんなの、したことないから……」

世代のせいでしょうか。それとも義母と義父が奥手夫婦だったのでしょうか。ともかく、それならそれで、フェラチオ初体験をもらう喜びがあるわけで、私としても望むところでした。

「じゃあ、俺が教えます。ほら、口を開けて」

「そ、そんな……！」

いやいやをするように首を横に振って、顔をそむける義母の顎をつかんで正面に向けさせました。

「ほら、もっと大きく口を開けてください」

そう言って、亀頭を唇に押しつけ、さらに鼻をつまんで口を開けさせました。半ば無理やりにペニスを義母の口にねじ込みます。

「うぐ、うぐぐ……」

やっと観念した義母が、口を大きく開けてペニスを受け入れました。

「歯は立てないでくださいよ」

義母の側頭部を両手でつかんで、前後にスライドさせます。深く浅くピストンさせました。

「もっと舌も使って。絡ませるようにするんです」

言われるままに拙《つたな》いながらも絡ませる舌も、拙さがまた好ましく、あまりに気持ちよく、つい深く突っ込みすぎたりもしました。

「あぐ……！」

亀頭で口蓋垂を突いてしまったらしく、義母が激しくむせ返りました。こうなると、さすがにフェラチオを続けさせることはできません。

「あ、ごめんなさい。あんまり気持ちよかったから」

私は謝りながら、ソファの義母の隣に座りました。さっきまで私のペニスを咥えていた唇がよだれに光る光景は、咳込んでよだれを垂らす義母の顔が間近にありました。さっきまで私のペニスを咥えていた唇がよだれに光る光景は、煽情的でした。思わずキスせずにはいられませんでした。唇に吸いつき、挿し込んだ舌を義母の舌に絡ませます。

「あむう……」

溢れ出すよだれを飲み、唇からこぼれるしずくも舐めとって飲み下しました。義母の唾液は甘美においしくて、私は夢中になってキスを続けました。下腹部で、ペニスがまたひと回り大きく、硬くなったように感じられました。疼痛《とうつう》を伴うほどの激しい勃起です。唾液に媚薬でも混じっていたのかと思うくらいでした。もう、いてもたってもいられなくなって、そのまま義母をソファに押し倒しておおいかぶさります。脚を開かせて、いきり立つペニスを股間に向けました。

「あ、だめ。それだけはだめ。もう終わりにして。最後までは許して」

そう言われてやめられるなら、最初から押し倒したりなんかしていません。

「そんなの無理ですから。我慢できませんよ。ちゃんと入れさせてください。お義母さんとひとつになりたいんだ。ちゃんと最後までヤラせてください」

そう言って、義母の唇にまた唇を押しつけました。義母の唾液を飲み、自分の唾液を舌に乗せて義母の口に流し込みます。甘美な唾液交換です。

「魅力的だからいけないんです。キスがおいしすぎるからいけないんです」

そんなことを口走ったでしょうか。私はあらためて体勢をととのえ、勢い込んで陰部に亀頭を押しつけました。

「ひぃ！　だめだめだめぇ！　やめてぇ！」

いやがる義母でしたが、言葉とは裏腹に、十分すぎるくらいに濡れそぼった膣口は、簡単にペニスの侵入を受け入れました。

「ああ、入ってくる。入ってくる。いや、いや、いやぁ！　だめぇ！」

四十路の膣内は柔らかく、私は腰を突き入れて一気に最奥部まで貫きました。義母が息を呑み、背筋を弓なりしてのけぞりました。私のほうも膣内の肉襞が陰茎にまとわりついて、言葉にできないくらいの快感が腰から全身へと広がりました。私はたまらなくなって腰を引き、また突き入れ、ピストンを始めました。

「ああ、あああ！」

義母の喘ぎ声はどんどん大きくなっていきました。パンパンと私の下腹部が義母の内腿とぶつかってリズミカルに軽快な音を立てます。美しい顔をゆがめてヨガリ狂う義母は、いつにも増して美しく感じられました。

「気持ちいいですか？」

する必要のない質問でしたが、私はあえてたずねてみました。義母がハッと我に返ったように黙り込みました。私もピストンを止めます。正面から間近に義母を見つめました。恨みがましい目で、義母が私を見つめ返しました。視線が絡み合います。やがて義母は、にらめっこに負けたように目をそらし、ただでさえ上気した頬をさらに真っ赤にして、ひっそりとうなずきました。

「ちゃんと言葉にしてください」

義母は驚いたように私に目を戻しました。

「そ、そんなこと、言えません……」

私は、あらためて腰を突き入れました。膣の奥を亀頭でかき回すようなひねりを加えた突きです。

「ひい！」

義母がまた背筋をそらせて喘ぎます。

「ほら、気持ちいいんでしょ？　ちゃんと言ってくださいよ」

観念した義母は、また目をそらして、小声でつぶやきました。

「気持ち、いい……」

義母のその言葉を聞いて、私の胸に満足感が込み上げました。これまでのつらい片思いが一気に報われたようでした。

「じゃあ、もっと気持ちよくなってくださいね」

私はピストンを再開しました。これまで以上に力強く情熱的に突きまくります。

「ああ、すごい。すごいの。気持ちいい。気持ちよすぎるの。もう、十分だから。もう、そのくらいにして。これ以上されたら、どうにかなっちゃいそう……！」

そう言われたら、よけいにがんばるしかありません。ですが、さすがに息が上がってしまいそうでした。私はひとます母の背中に腕を回し、上半身を起こさせました。自分はソファに深々と腰を落とします。

「え？」

いぶかしむ義母を自分の下腹部に跨らせます。座位の姿勢でした。

「さあ、今度はお義母さんが動いてください」

「そんな、どうすればいいのか……」

まさかとは思いましたが、どうやら義父とのセックスでは正常位しか経験していなかったようです。義母は妻よりも奥手のようでした。

「簡単です。気持ちよくなればいいんです」

言いながら、下から突き上げました。

「あん！」

敏感に反応する義母を、さらに突き上げます。二、三度ピストンすると、義母は自分のすべきことがわかったようで、自分から腰を動かしはじめました。腰を回し、前後、そして上下にもピストンを始めます。

「ああ、これ、また違うところがこすれて、これもイイ。気持ちいい……！」

タガがはずれたように、義母が激しく腰を振りはじめました。俗に、三十させごろ四十しごろなどと言いますが、義母も四十路にして快楽に目覚めたのかもしれません。

「ああ、気持ちいい。こんな、恥ずかしい格好。でもだめ。気持ちいいの……！」

義母は大声で喘ぎながら尻を振り立ててヨガリ狂いました。仕かけた側の私が圧倒されるほどのヨガリぶりでした。

「ああ、イク、イク。またイッちゃう！　イッちゃうの！」

ほとんど叫ぶようにそう言うと、義母はのけぞり、絶頂に達しました。そのまま背後に倒れそうになるのを抱きとめなくてはなりませんでした。

そのあと、二人でシャワーを浴び、義母の寝室で私たちは何度も抱き合いました。

私たちは夢のような一夜を過ごしたのです。

でも、セックスしたのはそれが最初で最後です。私が妻に隠れて義母との関係を続けることを望んでいるのはもちろんですが、義母にそのつもりはないようなのです。妻の入院は一泊だけのことでしたし、それ以来なかなか義母と二人きりになる機会がありません。義母がその機会を避けているようにも感じます。私の義母への思いはおさまるどころかますます強くなっているのですが、やはり、妻と義母の両方を手に入れるのは虫がよすぎるのでしょうか。

ピンクのレオタードに異常反応する息子が尻肉と布地の間にアレを挟みしごき出して

高梨愛　主婦・五十五歳

「隊長」と名乗る黒人男性トレーナーが画面の中から叱咤激励《しったげきれい》してくれるフィットネスDVDが流行《はや》っていたころ、当時四十路に入ったばかりの私は、夫とのセックスレスからくる欲求不満に悩んでいました。

仕事人間の夫は経済的には何不自由なくさせてくれていましたが、家事も子育てもいっさいが私まかせ……就職に失敗した息子の守が二十五歳にもなって自立できずにいることにも関心をはらってくれませんでした。

思いつめた私は、夫に興味をもってもらいたいがために流行のDVDを買い、自宅でダイエットのためのトレーニングを始めたのです。

一人では心もとなかったので、近所に住む三十代の奥様・緒方《おがた》さんも誘い、三日坊主にならないように二人でレオタードも購入しました。私がピンクで、緒方さんがブルーのレオタードでした。

緒方さんは産後でしたが、若いうえにもともとスタイルがいいので、パッと見はプロのダンサーみたいにキマっていました。一方の私はムチムチなうえ、膨張色のピンクにしてしまったのでまるでブタさん……。恥ずかしさをバネにがんばるしかありませんでした。

平日の午後、大きな窓からたっぷり陽が差すフローリングのリビングで、家と同時に夫が買った大画面テレビを前に、二人で体を動かしました。私も緒方さんもたちまち汗が出て、室内にムンムンと熱気がこもりました。ハードだとは聞いていましたが想像以上……気づくと窓が真っ白に曇っているくらいでした。

トレーニングは火曜と金曜の週二回と決めていました。筋肉痛がひどいことを除けば最初の二回は何事もなくすんだのですが、次の火曜日のことです。

「隊長」の指示に合わせてポーズをとりながら、ふと壁際の鏡に目をやった私は愕然としました。

ちょっと待って……ウソでしょ……。

いつも部屋に引きこもっている守がリビングの扉の陰にいて、じっと私たちをのぞいていたのです。いったいいつからいたのでしょう、緒方さんを見ているんだと思った私は、さっと顔が青ざめるのを感じました。

幸い緒方さんはまだ気づいていない様子でしたが、息子がいやらしい目で見ている なんて知ったら……二度と来てくれなくなるかもしれませんし、下手をすればヘンな 噂を流されるかもしれません。

恥ずかしながらご近所さんに守のことを隠しがちだった私は、緒方さんが帰ったら すぐにでも彼を問いたださなきゃと強く思いました。

でも、いざその段となったら、どう切り出したらいいのか……。

守もかわいそうなんです。彼自身、ニート生活にあせりや罪悪感を抱えているよう で、下手に刺激すると怒りだしたり、ひどく落ち込んだりしてしまいます。

こんなときこそ夫に相談できるといいのですが、夫は帰宅してからもパソコンを開 いて難しい顔ばかりしていて……。

結局何の手も打てないまま、次の金曜日が来てしまいました。

「見て、ちょっとお腹が引き締まってきたみたい」

うれしそうに話す緒方さんに申しわけない気持ちでいっぱいで、それを隠しながら トレーニングをするのが苦痛で仕方ありませんでした。

お願い……どうかあの日だけのことであって！

祈るような気持ちでＤＶＤを再生し、神経をとがらせながら体を動かしていると、守はこの日もやっぱり……。

私の位置からだと鏡に映る彼の姿がギリギリ確認できるのですが、しっかりドアを閉めていたのにいつの間にか細く開いていて、そこに守の目が光ってるんです。

しかもけっして気のせいではなく、かすかに見えている体が小刻みに揺れていました。

自慰行為――――！

我が子のことだけにゾッとしましたし、ますます注意しにくくなってしまいました。

トレーニングを終えた緒方さんが「またね」と笑顔で言って帰ったあと、私は彼女とは別の意味でぐったりしてしまっていました。

「かぜひいちゃったの、ごめんなさい！」

扁桃腺《へんとうせん》を腫らしたという緒方さんがガラガラ声の電話をかけてきて、次のトレーニングは私一人ですることになりました。

一瞬、ギクリとしたのは守の件がバレたか思ったからですが、そうではなさそうで半分ホッとしました。

夫へはまだ相談できていませんでしたが、話を聞いてもらうためにも、まずは興味を持ってもらわなくてはなりません。そのために始めたトレーニングなんだと思い出し、気合を入れてピンクのレオタードに着がえました。

結婚前はよく「細いねー」とスタイルをほめられていた私です。でも三十代の半ばころからどんどん肉がつきはじめ、四十前にはウエストがツーサイズも増えていました。

緒方さんは「男の人はむしろ肉感的な女性を好むみたいよ」と言ってくれていましたが、セックスレスになったのはちょうど太りだしてからのこと。夫の好みではないのでしょう。

「よし!」と顔を叩いてDVDを再生しました。

動きはじめると、私一人でも部屋はすぐムンムンになりました。窓ガラスも白く曇って、髪の毛が濡れて頬や首筋に張りつき、息も激しく乱れていました。「隊長」の激励がなかったらとても続けてはいられなかったと思います。

そのまま七、八分もたったころでしょうか、ふと鏡を見た私は、守がまたのぞいているのに気づいて息が止まるほどびっくりしました。

彼は私に気づかれていることを知らない様子で、開けっ放しのドアの枠から顔を半分だけ出し、やはり小刻みに揺れていました。

今日は緒方さんがいないのに……どうして？

運動で鼓動が速くなっているのとは別にドキドキしました。

ちょうど守のほうへお尻を向けて左右に振っているときで、レオタードの生地が割れ目に食い込みだしていました。それを直す間もなく「隊長」から指示が飛んできて、今度はそのお尻を突き出しながら腰を大きくひねらされました。

前屈みになると胸が垂れさがり、バランスをとろうと踏ん張った太腿が引きつりました。

「ちょっと、守……」

たまらずＤＶＤを止め、振り向いて呼びかけました。

驚いたらしい彼がガタガタッと大きな音を立てたあと、顔を壁の後ろへ隠しました。

「こっちに来なさい！」

間を置かず、強い口調で言いながら私のほうから近づいていくと、守も諦めたらしくおずおずとした様子でリビングに入ってきました。

いちおう悪いとは思っているのでしょう、私と目を合わせようとしません。

ただ、股間のあたりを手で隠しているのが気になりました。

混乱しかけましたが、それでも私は彼の狙いはあくまで緒方さんにあると思っていたので、

「守、緒方さんがいるときにそんなところで見てたら彼女がびっくりしちゃうでしょう？　今日はいいけど、次からはもうダメだよ」

と単刀直入に言いました。自然に言えてよかったと思いました。

でもそれも束の間、守がじっと黙り込んだあと、

「違うよ……緒方さんを見てたんじゃない。ピンクのレオタード」

と言ったので、今度こそ頭が真っ白になりました。

「は？」

「緒方さんじゃなくて、その、母さんの……ピンクのレオタードを見てたんだ……」

「え、待って、どういうこと？」

「だから、その……ピンクのレオタード」

守は同じ言葉を繰り返しました。

上下ジャージの部屋着姿でしょんぼりと立つ守の背筋が「ピンクのレオタード」と口にするたび、ちょっとずつ伸びてくる気がしました。

私は絶句しました。

世に言うフェチズムというものなのでしょうか。何度か聞き直したのですが、守にとって、私がたまたま購入したピンク色をしたレオタードは、なんというかたまらなく興奮するものらしいのです。

もちろん興味があるのはピンクのレオタードであって、私ではないのかもしれません。けれど緒方さんと自分を比べて劣等感を覚えていた私は、ちょっとだけうれしくなってしまいました。

それで「少しさわってもいい？」との申し出を、つい受け入れてしまったのです。考えが足りなかったといまでは反省しています。

母と息子だという安心感があったのは事実にしても、ピンクのレオタードに対する守の興味が性的なものであることは、のぞいているときに彼が自慰をしていたことからもわかっていたはずなのですから……。

最初、守は私の後ろに立つと、背中にピタリと一本指を当ててきました。

うなじに息がかかるような距離でした。

「匂うかもしれないからあんまり近くに寄らないで」

汗ばんでいるのが恥ずかしくなってそう言ったのですが、守は「いいんだ、じっとしてて」と諭すような言い方をして、そのまま背骨伝いにスルスルと指を動かしてきました。

くすぐったくて逃げるように前屈みになったとたん、思ってもみなかった強い力で両肩を押さえられました。そして再び上体を引き起こされて、今度は両手の手のひらで背中全体をじっくりとなで回されました。

このときにはもう、私は二つ目の誤算に気がついていました。でもヘンに拒否したら逆にいやらしくなってしまう気がして、じっと耐えてしまいました。

背中にあった守の手がだんだんと下りてきて、指先がお尻の上のあたりにふれました。

ハッとした私は、背筋を伸ばして少しでもお尻を引っ込めようとしました。すると守は、今度はレオタードの縁に沿って、お尻の周りをゆっくりとなぞってきました。

「ちょっと……くすぐったいって……」

その場で足踏みをして訴えました。でも、ほんとうはくすぐったいだけではなかったんです。

若いころ、満員電車の中でパンティの縁に沿って指を動かしてくる痴漢にあったことがあります。あのときに感じた、ゾクッと鳥肌が立つような、それでいて体の芯が熱くなるような感覚を思い出していました。

気がつくと、さっきまでとは違う、ネバつくような脂汗が全身の毛穴からにじみ出していました。そんな私の変化を知ってか知らずか、守は飽きることなくレオタードの縁をなぞってきました。

しばらくお尻の下辺をたどるように動いていたその指が、急に骨盤のふくらみを越えて前のほうまで下りてくると、スーッとVラインに近づきました。

レオタードを買ってから下の毛の処理をしたときに剃《そ》ったあたりです。

いくらなんでも拒否しなきゃいけないと思いました。でも、遅かったんです。何か言おうとすると想定外の声が出てしまう気がして、口を開くことができませんでした。

私はただ、両太腿をギュッと閉じ合わせて立っていることしかできませんでした。

どうしよう……どうしよう……。

自分が濡れてしまっていることに気づいたのはこのときでした。太腿に力を込めたとき、脚のつけ根のもっと上……アソコがヌルリとしたのです。

心臓が高鳴り、その音が自分の耳まで届くようでした。

ずっと下半身を責めていた守の両手が、不意に両脇腹へ添えられて、ゆっくりと腋の下に向かってせり上がってきました。

指先が乳房の横のふくらみにふれ、そのままかすかに食い込んできました。

思わず声を出しそうになって顎を引いた私は、レオタードの下に着けているブラ越しに、乳首がピンと立っているのに気がついてあわてました。

もう自分でもごまかしようがないほど全身がざわめいていました。

守の指が乳房の周りをなぞるように動いてくると、逆にふれられていない乳首へと神経が集まってくるようでした。

知らないうちに私の息は大きく乱れはじめて、それどころか何度も小さな声が洩れるようにまでなっていました。

さらにはときおり、ピクンピクンと反応してしまうのを抑えられなくなっていて……。

これが欲求不満というものなのでしょうか。いきなりお尻に硬い物を押し当てられたとき、私は「ああっ」とかすれた声をあげて、その場へ座り込みそうになってしまいました。

守の両手がそんな私を支えるように、後ろから両乳房のふくらみにかぶさってきました。抗議の声をあげる間もなく荒々しくもみしだかれ、指先で乳首の突起を押すように刺激されました。

あからさまなタッチに顔色が変わったのが自分でもわかりました。

なのに体には力が入りませんでした。

じらされていた乳首を刺激され、快感が波紋のように広がっていました。

相手は息子だとわかっているのに、お尻に押しつけられた硬いものの感触に男を感じずにはいられませんでした。

背中に守の唇が押し当てられました。クンクンと匂いをかがれ、さらにレオタードの生地を舐められているのがわかりました。

感触が、なまなましく伝わってくるんです。

守は完全に開き直っているようでした。

乳房をいやらしくもみ回し、ときに乳首の突起を引っかきながら、腰まで動かしはじめていたのです。

守の片手が乳房から離れたと思ったとき、彼が自身のズボンをおろしているのがわかって血の気が引きました。

「ダメ!」と言おうとした瞬間、お尻に生のアレを押し当てられました。

「い、いい加減にしなさい!」

ここへ来て初めて大きな声を出すことができました。

ところが守は、ひるんだ様子もなくレオタードのお尻のところをグッと持ち上げてすき間を作ると、そこにアレを差し込んできたのです。

お尻の肉とレオタードにアレを挟んで、摩擦しようとしているようなのです。

そのまま腰を動かしはじめた守が、また両手で乳房をもみしだいてきました。

「そ、そんな……」

私は本気で彼を振り払おうとしました。

守がそれを察したように片手の指を私のアソコに食い込ませてきました。

レオタードの布地ごと強く押し込まれ、窪んだところを爪で引っかくようにされました。

「ああっ！」

子宮に鈍く響くような衝撃がありました。それに続けて鋭い快感が背筋を駆け上がりました。アソコの窪みを守の爪が往復していて、同時に乳首をつままれていました。

そうしている間も彼は腰を動かしつづけ、お尻と生地の間にはさんだアレを一心に摩擦しているのです。

「だ、ダメッ……お願い……」

濡れているのを知られたくありませんでした。

私は必死になって腰を大きくよじりました。そのとたん、守が脚を引っかけるようにからめてきたので、私はバランスを崩して床へ四つん這いになりました。

守は私の背中に密着したまま、ちょうど後背位の体勢で、ますます勢いよく腰を動かしてきました。

乳首とアソコが左右の手で刺激されつづけていて、私は何度も背中を波打たせていました。

けっして理性は失っていないつもりでした。どこかのタイミングで彼を振り払い、場合によっては頬を張ってお説教をするつもりでした。

でもそんな気持ちとは裏腹に体のほうは……自分でも認めざるをえないくらい、はっきりとよろこんでしまっていたんです。

腰や太腿をしきりによじったせいだと思います。肌に張りつくレオタードが、だんだんとTバックのようにお尻に食い込んできていました。

恐ろしいのは、それにつれて彼のアレがアソコへ近づいていることでした。

口では繰り返し「やめて」と言っていました。何度か彼を叩いてもいました。でもほんとうは、もう最後までしてほしくて仕方がなくなっていました。

ずっと生地越しに刺激されてきた私のアソコは、より強い刺激を求めて、熱くほてり切ってしまっていました。

アレの先端がとうとう膣の入り口をとらえたとき、私はじっと待ってしまいました。お尻を高く突き上げて、フローリングの床に頬をつけ、息をひそめて待ったんです。硬くそり返ったものが一気に奥まで入ってきて、そのまま腰を打ちつけられると、私は髪を振り乱してあられもなく喘いでいました。

何年もずっと我慢してたんです。夫に構ってもらえなくて、自分の指で入り口を刺激することしかできずに泣いていたんです。それが、奥の奥まで裂けんばかりに貫かれて、滅茶苦茶に摩擦されていました。

「ああっ……い、イイッ!」

口に出してしまった瞬間、後悔しました。でも無意識に何度も言ってしまっていた気がします。

守は無言のまま、ハアハアと息を荒くして動いていました。

途中で守が上半身も裸になったのが気配でわかりました。

裸になった彼は全身の肌でピンクのレオタードを味わおうとして、より強く背中に密着してきました。そうして腰を振りながら、舌が届く限りの生地を舐め回してくるんです。

自分の息子にこんな趣味があったなんて、思ってもいなかったことでした。もしかしたら夫にも、何か性癖があるのかもしれません。でもこのときは考える余裕もありませんでした。

必死に我慢していないと、そのまま昇りつめてしまいそうになるんです。

若いころはこんなに淫らな女ではありませんでした。敏感でもありませんでした。

子どもを産んで、四十路になって、体そのものが変わってきていたかもしれません。

だからこそセックスレスがつらかったのでしょうし、実の息子に挑まれて拒否しきれなかったのだと思います。

情けない気持ちが込み上げてくるなか、私は自分から骨盤をクイクイと傾けだしていました。

守がアレをアソコから抜き出し、私をあおむけにひっくり返しました。

ぐったりと床に寝た私は、冷たいフローリングの感触を背中に感じながら天井を見つめ、ただ息を弾ませていました。

守がそんな私の太腿の間に腰を落ち着け、正常位の格好で再び挿入してこようとしていました。

私は抵抗せずに受け入れました。

ヌッと奥まで入ってくるアレが、気持ちいいところに強く当たりました。

私は声をあげながら背筋を弓なりにそらせました。

すると守がレオタードの胸のところを両手で絞り、左右の乳房を剝き出しにさせました。そうして前屈みになると、腰を動かしながら乳首に唇を押しかぶせてきました。

強く吸われながら口の中でネロネロと舌を動かされ、乳房の根元をもみ絞られました。

私たちは二人ともケダモノになっていました。

守の腰の動きにつれて乳房が弾み、アソコからはグチュグチュといういやらしい音が響いていました。

横の窓はフィットネスをしていたときと同じように白く曇っていました。

「ま、守……ああダメッ……そんなにされたら、母さんイッちゃう!」

無意識に叫んだ言葉の罪深さにゾッとしながら、私はそれでも昇りつめていきました。

理性ではどうにもならない快感に襲われていました。

「いいっ! アアッ、いいっ! イクッ……ああ、イッちゃう!」

私は叫び、彼の腰に自分の脚をからみつかせていました。

乳房をもまれ、乳首に吸いつかれ、汗とよだれまみれになったピンクのレオタードを波打たせて、私は絶頂していました。

膣がキュウッと締まっていくのがわかり、私は脱力しましたが、守はまだ終わらせてくれませんでした。

彼はいったん身を起こすと、まるで体ごとレオタードの中に入ってこようとするように、私の股のカットのところから、ズボッと両腕を突っ込んできました。

もちろん体ごとなんて入れるわけがありません。でも、もし性器がつながった状態でなかったら、彼は頭を突っ込んできていたのではないでしょうか。

そういう、何か執念のようなものを感じました。

レオタードと肌の間に腕を突っ込み、胸のところから手を出して乳房をもみしだき、背中を丸めた虫のようになって腰を振る守の異様な姿が横の鏡に映っていました。

いったいいつ、どうして彼がこうなったのか……想像もできないまま、二度、三度と襲いくる絶頂の波にもまれる私は、ただされるがままでいることしかできませんでした。

「あぁ、イクッ……またイクッ！」

腹筋をふるわせる私のお腹を、彼はベロベロと舐め回していました。そうして無我夢中の様子で腰を動かしつづけているのです。

そのとき、家の電話が鳴りました。

夫か、緒方さんか、実家の母なのかわかりません。もちろん出ることはできませんでした。ただその電話のおかげで、世に言う「近親相姦」という目をそむけたくなる現実が、私の胸に重くのしかかってきました。

実の母子が、平日の昼間に、ケダモノみたいにセックスをして快楽をむさぼっているなんて……。

受け入れられない現実と、まだ止まらない快感の波。

自分自身の淫らな体と、こんな私を構ってくれない夫を恨めしく思いながら、私はまた背筋をのけぞらせていました。

そうしてどれくらいたったのか、守がいきなり「あ、出る！」とつぶやき、それとともに膣内のアレがぶくっとふくらんだ感覚がありました。

「中に出しちゃダメ！」

このときばかりは理性を叩き起こして叫びました。そして両手を思いきり突っ張らせて、彼の胸を押し上げました。

彼がハッとした顔で腰を引くのと、熱い精液が私のレオタードにぶちまけられたのは、ほとんど同時のことでした。

射精したあと、守はしばらくの間、目の焦点も合わないほど呆然《ぼうぜん》としていました。そして急に我に返ると「ごめん、もうしないから」と、私の顔を見ないで言って立ち上がり、脱ぎ散らかしてあった服をつかむなり、逃げるように二階にある自分の部屋へ駆けていきました。

私自身もどうしていいかわからず、しばらくは動くこともできませんでした。

あれからそろそろ十五年になります。

夫とは相変わらずのままですが、守は十年ほど前に無事就職をして、いまでは他県で一人暮らしをしています。

緒方さんとのフィットネスはいつの間にかやらなくなってしまい、割り切れない思い出とともに、埃《ほこり》をかぶったＤＶＤがここにあるばかりです。

「私が代わりにしてあげる」と仰天発言して

松島弓子　パート・五十五歳

娘が十年前に結婚して家を出ていってからは、私は夫と二人で暮らしていたのですが、その夫が昨年、病気で他界して、私は一人暮らしになってしまいました。

そんな私を心配して、娘夫婦が同居してくれることになったんです。

まあ、実家で同居すれば家賃がかからないという利点もあったのだと思いますが、一人暮らしの孤独がいやされるので大歓迎でした。

しかも、娘の旦那である昌也《まさや》さんは、私好みのいい男なんです。

娘夫婦は共働きでしたが、看護師をしている娘は週に一度は夜勤があり、そういう日は私と昌也さんの二人で夕飯を食べたりして、親密な時間を過ごしてたんです。

ある日の夕飯のときに、テレビで小さな子どもがお使いをする番組を観ていて、「早く孫の顔が見たいわ」と、私はなにげなく口にしたんです。

するとと昌也さんは表情を曇らせました。

「ぼくもそう思ってるんですけど……」

私はちょっと無神経なことを言ってしまった気がしました。早く子どもが欲しいのは昌也さんも同じ気持ちのはずなのです。

「ごめんなさい。こういうのは授かり物だから。デリカシーのないことを言ってしまったわね」

私は反省してすぐに謝りました。でも、昌也さんはそんな私の言葉を否定しました。

「いいえ。そういうことじゃないんです。ぼくと彼女の間に子どもができるわけがないんです。実は彼女はセックスが嫌いらしくて、結婚当初に数回しただけで、あとはもう指一本ふれさせてくれないんです」

昌也さんは無念そうに言いました。昌也さんは男盛りです。肌もテカテカで、ものすごく精力が強そうなんです。

きっと一晩に何回も娘を抱いているのだろうと思っていたのに……。

そしたらこの健康そうな体の中で作られた精液は、いったいどう処理しているのか？　頭に浮かんだ疑問を、私は口にしないではいられませんでした。

「それで……大丈夫なの？　あっちのほうはどうしてるの？」

「そ……それは……自分でなんとか」

昌也さんは顔をそむけて、恥ずかしそうに言いました。

自分でということは、オナニーをしているということです。

こんな素敵な男性にそんな思いをさせていたなんて、我が娘ながら腹が立ちました。

そして私は言ってしまってたんです。

「それなら私が相手をしてあげるわ」

「え？　お義母さん、いま、なんて？」

昌也さんは驚きの表情を浮かべて私の顔をじっと見つめました。

「私があの子の代わりに昌也さんとセックスしてあげるって言ったの。こんな年寄りはいやかしら？」

そう言いながらも、私は少し自信がありました。私は年齢のわりに肌はきれいだし、同年代の友だちには「色気がすごい。反則よ」と言われることがよくあったからです。

「お義母さん……本気ですか？」

昌也さんもまんざらではない様子で、鼻息を荒くしているんです。

私は夫が病気になってからずっとセックスはしていませんでした。昌也さん同様、欲求不満がマックスになっていたんです。

この機会を逃したら、次にセックスができるのはいつになるかわかりません。下手をしたら、もうそんなチャンスはないかもしれないのです。

人生に後悔したくなかった私は、返事を待たずに昌也さんに抱きつき、唇を重ねました。

「ううっ……」

突然のことにとまどったのでしょう。昌也さんは堅く唇を閉ざしたまま、すぐ近くから私の目を見つめるんです。

私が昌也さんを男として見ていたのとは違い、昌也さんは私を義理の母親としてしか見ていなかったようでした。だから、この展開に驚き、混乱しているのです。

でも、ここでやめるわけにはいきません。そんなことをしたら、今後の同居生活が気まずいものになってしまいます。

私は昌也さんの唇をこじ開けるようにして、口の中に舌をねじ込みました。そして、彼の口の中を舐め回しました。

すると昌也さんも、不意に我に返ったように私の体をきつく抱き締めて、私の舌に自分の舌を絡めてきました。

私と昌也さんは鼻息を荒くしながら、ぴちゃぴちゃと音をさせて舌を絡め合い、唾液をやりとりしつづけました。かなり長いディープキスでした。

顔を離すと、二人の唇が唾液の糸を引きました。昌也さんの顔は欲情で赤くほてり、もう獲物を目の前にした野獣のような顔になっているんです。

「どうする？　シャワーを浴びる？」

私がたずねると、昌也さんは首を横に振りました。

「そんな余裕はありませんよ。お義母さん、ベッドへ行きましょう」

昌也さんは私の体を軽々と抱き上げました。そして、少し迷ってから私の寝室へと運んでくれました。

さすがに娘といっしょに寝ている寝室で、義理の母とセックスするのは罪の意識があったのでしょう。

昌也さんは私をベッドに寝かせると服を脱ぎ、ブリーフ一枚という姿になりました。

年齢は三十八歳ということでしたが、まだまだ肌に張りがあり、お腹も出てなくて、筋肉質なスポーツマン体型です。

しかも、ブリーフは勃起したペニスの形に伸びきっているんです。

すでに興奮していた私はそんなものを見せられてさらに興奮していき、下着の奥が大洪水になってしまいました。

「すごく逞しいのね」

ため息交じりに私が言うと、昌也さんは得意げに力こぶを作ってみせました。

「学生時代はボート部だったんです。いまでも毎日腕立てと腹筋は欠かさないんですよ。といっても、それは夜のエネルギーを筋トレにぶつけていただけかもしれませんけど」

「ああん。それなら、そのエネルギーを私にぶつけてちょうだい」

私はベッドの上から昌也さんに向かって両手を伸ばしました。

「お義母さん!」

昌也さんはまるでタックルでもするかのような勢いで私に襲いかかってきました。

そして私をベッドに押し倒し、セーターの上から胸をもみ、ズボンの上からアソコをグリグリと刺激するんです。

「お義母さんも、もうこんなものは脱いじゃいましょうよ。ほら、バンザーイ!」

私に両手を上げさせてセーターを脱がすんです。

「いや。電気を消して。もう五十代なのよ。明るい場所でなんて恥ずかしいわ」

私はブラジャー姿になった上半身を腕で隠しながら言いました。だけど昌也さんはそんな願いは聞いてくれません。

「ダメですよ。お義母さんの裸をよく見せてくださいよ。お義母さん、肌がすごくきれいじゃないですか。さあ、手をどけてください」

「はあぁぁん……昌也さんがそう言うなら……」

私は素直に手をどけました。ほんとうは明るい場所でエッチしたかったんです。だって男の裸を見るのは久しぶりだったんですから。

昌也さんは抱き締めるようにして私の背中に腕を回し、ブラジャーのホックをはずしました。

するとカップをはね除けるようにして、Eカップの乳房がぷるるんと揺れました。

「すごいじゃないですか。ああ、お義母さんのオッパイ、大きくて、すごくきれいな形をしてますよ」

ブラジャーを両腕から引き抜き、昌也さんは私のオッパイを両手でもみしだきました。ゴツゴツした太い指が乳房に食い込む感じがたまらなく気持ちいいんです。

すぐに乳首が硬くとがってしまいました。それに気づいた昌也さんがうれしそうに言いました。

「お義母さんも興奮してるんですね。乳首が立ってきましたよ」

「恥ずかしいわ。私、乳首が大きいのがコンプレックスなの」

「ぼくは好きだな。こういう大きい乳首」

左右の乳首を両手でつまむようにしてグリグリと刺激したと思うと、今度はそれを口に含み、チュパチュパと音を立てながら吸うんです。

「あぁぁん、昌也さん、気持ちいい……」

私は昌也さんの頭を両腕で優しく抱き締めながら切なげな声を出しました。昌也さんはさらに乳首を舌で転がすように舐めたり、軽く嚙んだりしました。

そして、しばらくそうやって乳首をもてあそぶと、顔を上げてにやりと笑いました。

「乳首もいいけど、ぼくはほんとうはこっちのほうに興味があるんですよね」

昌也さんは私のズボンのジッパーをおろしました。そして、すそをつかんで引っぱるんです。

「お義母さん、お尻を上げてください」

「こう？　これでいい？」

言われるまま私がお尻を浮かせると、ズボンが両脚からするりと抜きとられてしまい、私はパンティ一枚だけという姿にされてしまいました。

「さあ、これも脱いじゃいましょうよ」

昌也さんの手がパンティに伸びてきました。

「ダメ」

私はとっさに両手でパンティを押さえました。

「どうしてですか？」

さっきまでのじゃれ合いとは違うと感じた昌也さんが、悲しげな顔でたずねました。

だから私は言ってやったんです。

「先に昌也さんが全部見せてちょうだい」

「いいですよ。見せてあげますよ。ぼくがどれだけ興奮しているか」

昌也さんはブリーフを脱ぎ捨ててベッドの上に仁王立ちしました。すると想像以上に大きいペニスが、まっすぐ天井を向いてそそり立っているんです。

亀が必死に首を伸ばしているみたいな裏筋の感じが卑猥すぎて、私はゴクンと生唾を飲み込んでしまいました。

「なんてすごいのかしら。あああん、大きいわ」

「さわってもいいんですよ」

そう言うと昌也さんは、ビクンビクンとペニスを揺らしてみせるんです。

まるで猫じゃらしを鼻先で振られた猫のように、私はペニスにすばやく手を伸ばしてしまいました。

「ううっ……お義母さんの手、冷たくて気持ちいいです」

私がペニスを握ると、昌也さんは苦しげな声を出しました。そして、手のひらにドクンドクンと脈動が感じられるんです。

「もっと気持ちよくしてあげるわ」

私は握り締めた手を上下に動かし、さらには亀頭をぺろぺろと舐めてあげました。

「ああっ……それ……ううう……気持ちいいです」

昌也さんの反応がうれしくて、私は大きく口を開けて亀頭をパクッと口に含みました。そして、口の中の粘膜でねっとりと締めつけながら、首を前後に動かしはじめたんです。

「ううっ……すごいです、お義母さん……なんてエロいしゃぶり方をするんだろう。ふだんのお義母さんを知ってる分、めちゃくちゃ興奮しちゃいますよ」

私を見おろしながら、昌也さんは興奮した様子でそう言うんです。

確かに、ふだんは娘の夫として接している昌也さんのペニスをしゃぶっているんですから、私もいけないことをしているという気持ちがよけいに興奮をかき立ててるんです。

パンティの奥がムズムズして、私はペニスをしゃぶりながらアソコを手で愛撫しはじめていました。

アソコは思ってた以上にヌルヌルになっていました。指が簡単に穴にすべり込んでしまうんです。

「うぐ……うぐぐ……」

ペニスを喉の奥まで咥えながら、私は指で膣の中をかき回しはじめました。その指の動きが止まらないんです。

ぐちゅぐちゅと音がして、体の中に絶頂の予感が高まってきます。

もうちょっとでイキそうというときに、昌也さんが私の口からペニスを引き抜きました。

「ダメですよ、お義母さん！　自分でするなんてもったいない。ぼくがイカせてあげますから」

もう明るい場所で見られることも恥ずかしくありません。

それどころか穴の奥まで見られたい。そしてそこを昌也さんの大きなオチ○チンでふさがれたいという思いに呑み込まれてしまうのでした。

「いいわ。いっぱい気持ちよくして」

「じゃあ、脱がしますよ。ほら！」

パンティをするんと引き抜くと、昌也さんは私の両膝の裏に手を添えて、そのまま腋の下のほうに向けて押しつけてきました。

すると、M字開脚ポーズで私の股間が昌也さんの顔に向けて突き出された格好になるんです。

「ああん、いやっ……」

その格好はさすがに恥ずかしすぎます。だけど同時に猛烈に興奮してしまうんです。

「すごい……お義母さんのオマ○コがヒクヒク動いてますよ」

すぐ近くから見つめながら昌也さんが言うんです。

その吐息や鼻息が、割れ目の奥をくすぐります。それだけで、また強烈な快感に襲われて、よけいにアソコがヒクヒク動いてしまうんです。

「これは催促してるんですよね？　いいですよ。いっぱい舐めてあげますからね」

そう言い終わるかどうかで、昌也さんの唇が私のアソコに押し当てられました。

そして、さっき私が昌也さんの唇をこじ開けて口の中に舌をねじ込んだように、今度は昌也さんが私の膣穴の中に舌をねじ込んでくるんです。

そのままディープキスでもするように、膣の中を舐められました。

「あぁぁん、そんなところ、舐めないでぇ。はあぁぁん……」

「そんなことを言いながら、マン汁がどんどん出てきますよ。お義母さんって、こんなにエッチだったんですね。もっといっぱい出してくださいよ」

そう言うと昌也さんは、そこがまるで給湯のボタンだと思っているのか、クリトリスを指でこね回すようにして愛撫するんです。

だけどほんとうにそうされると、エッチなお汁がいっぱい溢れ出ちゃうのでした。

「すごいですよ。お義母さん、あああ、もう溢れ出てきてますよ。ああ、もったいないから飲ませてもらいますね」

昌也さんはオマ◯コに口をつけて、ほんとうにズズズ……と音を立ててマン汁をすするんです。

「ああああん、ダメダメダメ……はあぁぁぁん……」

気持ちよさと恥ずかしさで私はわけがわからなくなるぐらい感じまくり、淫らな声を張りあげてしまいました。

そんな反応に気をよくしたように、昌也さんは今度はクリトリスを口に含み、さっき乳首にしたのと同じように舐めたり、吸ったり、軽く嚙んだりするのでした。

女の体の中でいちばん敏感な部分を責められ、私は狂ったように悶えまくりました。

「ダメダメダメ……あああ〜ん。昌也さん、それ、気持ちよすぎるぅ〜。ああああっ……イク……もうイクイクイクイク……はっあああん！」

そう叫んだ瞬間、私の頭の中は真っ白になり、電気ショックでも受けたように体がベッドの上で跳ねてしまいました。

「お義母さんって、こんなにエッチだったんですね」

ぐったりしている私を見おろして、昌也さんは口の周りを愛液まみれにしながら言いました。

「だって、昌也さんの舐め方がすごくじょうずだから。だけど、奥のほうがまだムズムズしてるの。そこも気持ちよくしてくれる？」

「もちろんですよ。だけど、舌や指じゃ奥まで届かないから、これで気持ちよくしてあげますね」

昌也さんは体を起こし、股間にそそり立つ逞しいペニスを右手でつかみ、私に見せつけるように上下に数回しごきました。

そのペニスはさっきフェラをしたときよりもさらに大きくなっていて、真っ赤に充血してるんです。

おまけに先端から我慢汁がにじみ出ていて、すっごくいやらしいんです。

「あぁぁん、そのオチ〇チンで気持ちよくしてちょうだい」

私は両膝を抱えて、昌也さんに向かって股間を突き出しました。そして、オマ○コに力を込めてヒクヒクと動かしてみせました。

「あぁ……なんてエロいんだろう。お義母さん、エロすぎますよ」

昌也さんのペニスがピクピクと武者震いするんです。

「もう我慢できないの。さあ、早くぅ」

「お義母さん！」

昌也さんは右手でつかんだペニスの先端を、私のオマ○コに押し当てました。くぷっと音がして亀頭が埋まり、もう手を離しても亀頭が跳ね上がることはありません。

私の顔の横に手をつき、すぐ近くから見つめ合ったまま、昌也さんはゆっくりと腰を押しつけてきました。

すでにすっかりとろけていた私のオマ○コは、昌也さんの大きなペニスを簡単に受け入れてしまいました。

「あああん、入ってくるぅ……はあああん、奥まで入ってくるわ。あああん……」

「ううう……お義母さんのオマ○コ、温かくて気持ちいいです」

昌也さんは眉間にしわを寄せて、苦しげに言いながら、根元までペニスを挿入してしまうと、今度はゆっくりと引き抜いていきました。

そして、完全に抜けきる手前で止めて、またゆっくりと挿入してきて、また引き抜き、また挿入し……という動きをつづけ、それを徐々に激しくしていくんです。

「あぁ……いい……気持ちいい……」

昌也さんの腰の動きは力強くて、二人の体がぶつかり合ってパンパンパン……と音が響くほどなんです。

「ううっ……お義母さん、今度は後ろからしてもいいですか？　実はぼく、前からお義母さんのお尻を見て興奮してたんです」

ペニスを引き抜くと、昌也さんは私を裏返しにしてお尻を突き上げさせました。

「ああ、この大きなお尻……たまらないです」

昌也さんは私のお尻をなで回したと思うと、両手でわしづかみにするんです。

「あっ、いや。お尻をひろげないで」

「お義母さん、エロすぎますよ。お尻の穴とオマ◯コの穴がぱっくり開いてて、ああ、もうたまらないです」

両手でオマ◯コをひろげたまま、昌也さんは器用に腰の角度を調整し、ペニスを突き刺しました。そしてまた力任せに膣奥を突き上げてくるんです。

「あっ、ダメッ……ああっ……ダメッ……ああっ……はあっ……ああっ……」

突き上げられるたびに私の口から喘ぎ声がこぼれ出て、それに昌也さんの苦しげな吐息が重なります。

「お義母さん、お尻の穴を締めてみてください」

「こ……こう？」

「ああっ……お尻の穴に連動してオマ○コも締まるぅ……うう……エロいです。ああ、気持ちいいです。あああっ……もう……もうダメだ」

昌也さんの腰の動きがさらに激しくなりました。私はもう意識が飛んでしまいそうなほど快感に呑み込まれてしまうのです。

「あああっ……ダメ……イク……イッちゃう……もうイッちゃう……ああああん！」

「ううう……お義母さん！　で……出る！」

根元まで挿入したまま、昌也さんは私の膣奥目がけて勢いよく射精しました。

それ以降、いまもときどき、昌也さんとセックスをしています。娘はうっすら気づいているようですが、自分がセックスをしたくないから私が代わりにしてくれてありがたいと思っているふしがあるんです。

あんなに気持ちいいのに、自分の娘が理解できません。

第四章 背徳に興奮を煽られ屹立する肉幹

颯太《そうた》が小学二年のときに離婚し、女手ひとつで育ててきました。

中学に進学したころから性に目覚め、私の下着を盗んでいたことを知ったときはたいへんショックで、そのうち性犯罪に走るのではないかと心配したものです。

息子の部屋はすえた匂いが充満し、ゴミ箱の中はいつもオナニーの後始末をしたと思われるティッシュだらけでした。

ベッドの下から見つけたショーツも精液にまみれ、パソコンを調べると、淫らな動画がたくさんダウンロードされており、男の子の性欲の強さには愕然とするばかりでした。

忘れもしません。三年前の冬、颯太が高校二年のときです。

私は忘年会で痛飲してしまい、ほぼ酩酊状態《めいていじょうたい》で帰宅しました。

颯太が出迎えたことは、うっすら覚えているのですが……。

いまにして思えば、アルコールに弱いのに深酒をしてしまい、たいへん後悔しています。

私はベッドに運ばれ、横になったとたんに眠ってしまったようです。

どれほどの時間がたったのか。

体がふわふわしだし、心地いい感覚が全身を包み込みました。

最初はいやらしい夢を見ているのかと思ったのですが、エアコンの生温かい空気がやけに肌にまとわりつき、同時に下腹部の異変にハッとしました。

かすかに目を開けると、部屋の照明はこうこうとついており、私は全裸の状態で寝ていたんです。

「……え」

恐るおそる頭を起こしたとたん、男の人が股間に顔を埋《うず》めており、まだ夢の中にいるのではないかと思いました。

「あ、やっ」

ツーブロックの髪形は、どう見ても息子の颯太としか思えません。

まだ夢うつつだったのか、それともけっして認めたくないという心理が働いたのか、私は頓珍漢《とんちんかん》な言葉を投げかけていました。

「な、何……やってるの？」

声が届かなかったのか、息子は舌を跳ね躍らせ、ぴちゃぴちゃと派手な音を立てて陰部をすすっていました。

「きゃあぁっ」

あわてて跳ね起き、両足を狭めたのですが、彼はふしだらな行為をやめようとせず、チュッチュッと吸い立ててきたんです。

「や、やめなさい！」

足にさらなる力を込めると、舌がようやく離れ、颯太は顔をゆがめて答えました。

「ママ、頬が痛いよ。足の力をゆるめて」

「自分が何してるのか、わかってるの!?」

「ママが悪いんだよ！　ぼくを誘惑するから！」

「え……そ、そんなことするわけないでしょ」

「したよ！　抱きついて、キスしたじゃないか」

記憶の糸を手繰り寄せると、確かに酔いに任せて口元にキスした覚えがあります。

ただそれは親子の愛情からしたことで、深い意味はないし、もちろん誘惑などするはずがありません。

颯太も服を脱ぎ捨てており、おどろおどろしい状況に背筋が凍りつきました。

彼は小さいころから内気な性格で、母子家庭であることからよけいな世話を焼きすぎたのかもしれません。

育て方が悪かったといえばそれまでですが、下着だけならまだしも、手まで出してくるとは想像もしていませんでした。

「胸だって、押しつけたじゃないか」

「と、とにかく……離れなさい」

「やだよ、せっかくのチャンスなんだから」

颯太は右手の中指と薬指を膣の入り口にあてがい、指先をくるくる回しました。

「あっ！　な、何をするつもり？」

「おマ○コに入れるんだよ。このままじゃ、舐められないでしょ？」

「や、やめなさい……あ、やぁぁ」

全身の力を込めて踏ん張ったものの、指は陰唇を押し広げ、ゆっくり侵入してきました。

あのときのおぞましさは、いまだに忘れられません。

鳥肌が立った瞬間、指がスライドを始め、私は顔を横に振って耐え忍ぶことしかできませんでした。

「あ、く、くぅ」

「ママのおマ○コ、すごく熱いよ。ぬめぬめして、指をキュンキュン締めつけてくる。気持ちいいの？」

気持ちいいわけがない。そう考えた直後、くちゅくちゅと淫らな音が鳴り響き、とたんに恥ずかしさから体の芯に火がつきました。

「ああ、いやらしい音……愛液が垂れてきたよ。やっぱり気持ちいいんでしょ？」

「ち、違うわ」

「何が違うの？」

私が寝ているとき、颯太はずっとあそこを舐めていたはずです。

唾液の音だと言いたかったのですが、子宮の奥がキュンと疼き、愛液も混ざっているのは疑いようのない事実でした。

「ぼくがペロペロしていたとき、ママ、よがってたんだからね」

「う、嘘よ」

「嘘じゃないよ、気持ちよさそうな声をあげて、腰くねらせてたもん」

「や、やめて……ああっ」

「ああ、すごい、愛液がじゅくじゅくと溢れてくるよ」

「く、くふっ」

指腹が膣の上をこするたびに身がのけぞり、頭の中で白い光が何度もまたたきました。

欲求がよほど溜まっていたのか、肉体は快感をすんなり受け入れてしまい、気がつくと、私はシーツに爪を立てて身悶えていたんです。

体から力が抜け落ち、知らずしらずのうちに大股を開いていました。

「ママのおマ○コ、ぱっくり開いて真っ赤だよ。中のお肉が飛び出てきそうなほど盛り上がってる」

「い、いや」

「クリトリスも大きくなって、あ……どろっとしたお汁が、また出てきた」

いやらしい言葉で責められ、性感がグングン上昇しました。

このまま、息子にイカされてしまうのか。

心では拒絶しても、体は言うことを聞かず、快感の高波が次々と襲いかかっては理性を突き崩しました。

「やっぱり、お豆がいちばん感じるの？」

「ひぃンっ！」

颯太が空いた手でクリトリスを爪弾いた瞬間、電撃が身を貫き、私はあっけなく絶頂を迎えてしまいました。

あまりの気持ちよさに頭の中が真っ白になり、痙攣がまったく収まらなかったほどです。

「あ、あ、あ……」

「ママ……イッちゃったの？」

そのときは快感の海原をただよいつづけ、彼の問いかけに答えられませんでした。

颯太が身を起こし、禁断の関係を結ぼうとしているときでさえ、私は少しも気づかなかったんです。

「ああ、ぼく、もう我慢できない」

熱いかたまりが股のつけ根に押し当てられた瞬間、ようやく現実に引き戻され、緊急事態に血の気が引きました。

「あ、だめ、だめよ」

「ママのことが好きなんだ。お願い、いいでしょ？」

泣きそうな顔で懇願されても、それればかりは受け入れるわけにはいきません。

いったい、どうしたらいいのか。

とっさに頭に浮かんだのは、関係を持つ前に射精させてしまうということでした。

放出したら、気分もさっぱりし、理性を取り戻してくれるに違いない。

そう考えた私は、意識的に優しい口調で答えました。

「わかった……わかったわ。だから、乱暴にしないで」

「え……わかったって、どういうこと?」

「もう拒否したりしないから、落ち着いてって言ってるの」

「エッチしても……いいってこと?」

「……いいわ」

「ホ、ホントに!?」

「ええ、でもその前に、もっと楽しませて。こういうときって、ムードもすごく大切なのよ」

「ムード?」

「お互いの気持ちを高め合うことよ。動物じゃないんだから……わかるでしょ?」

颯太は首をひねっていましたが、とりあえずは間をおくことができ、私は身を起こして手を握りしめました。

そのときに股間から突き出たペニスが視界に入り、驚きに目を見張りました。かわいかったはずのおチ○チンは逞しく成長し、天に向かって隆々とそびえ立っていたんです。

包皮もきれいに剝け、太さも長さも申し分なく、茜色《あかねいろ》の亀頭はすでに大量の前ぶれ液でぬめり返っていました。

「セックスする前の愛撫も、とても大切なことなのよ」

ようやく理解したのか、ハッとした颯太は目を輝かせました。

「ママの横に寝て」

「うんっ！」

口元をほころばせ、このときばかりは私の言うことを素直に聞いてくれました。

「ママのことを思うと、チ○ポがすぐに勃《た》っちゃうんだ。こうなることを、ずっと夢見てきたんだよ」

「そ、そう」

あおむけに寝転ばせると、おチ○チンが下腹にべったり張りつき、裏側の強靱な芯が丸出しになりました。

陰嚢もやたら大きくて、精力が人より強いのかもしれません。

「ママ、早くさわって！」

「わ、わかったわ」

呼吸をととのえてから太い胴体をそっと握りしめると、青筋がドクンと脈打ち、激しい昂《たかぶ》りが手のひらを通してはっきり伝わりました。

「うっ、ぐっ、ママ……気持ちいいよ」

「すごい……指が回らないわ」

「ママのせいで、こんなになったんだよ。ああ、ぼく、幸せだよ」

私は生唾を飲み込んだあと、ペニスを軽くしごき、もう片方の手で陰嚢の裏側を優しくなでました。

「く、ほおっ」

颯太は唇をとがらせ、上体を弓状にそらしました。

続いて鈴口から先走りの液が垂れ滴り、指のすき間にすべりこんで、くっちゅ、くっちゅと淫らな音を響かせました。

「ああ、気持ちいいよぉ」

「もっともっと……気持ちよくしてあげるわ」

ペニスはさらに膨張してビクビクと打ち震え、身悶える彼の姿を見ている間に、私もだんだん変な気持ちになっていったんです。

全身の血が沸騰し、膣襞の狭間から大量の愛液が溢れ出しました。だからといって、禁断の関係を結ぶことだけはどうしても避けなければなりません。

私は颯太に気づかれぬよう、股ぐらに手を忍ばせ、女の性感ポイントをかきくじりました。

「あぁ、気持ちいい、気持ちいいよぉ」

「すぐにイッちゃ、だめ。たくさん我慢してからイクのよ」

「で、でも、あっ」

真上からおチ〇チンに唾を垂らすと、彼は目をカッと見開き、私は当然とばかりに身を屈め、胴体にキスの雨を降らしました。

「あ、ああ、ママ、そんな……」

「言ったでしょ、もっと気持ちよくしてあげるって。そのまま我慢してるのよ。ぎりぎりまで耐えて、いっぱい出すの」

「う、うん……あ、あぁ」

陰嚢から太い芯に舌を這わせ、縫い目やカリ首をなぞり上げると、おチ〇チンがブンブンと頭を振りました。

あのときは、息子の逞しいモノが愛おしいと心の底から思い、もはやためらいは少しも残っていませんでした。

私は唾をたっぷりまとわせたところで顔を沈め、大口を開けてペニスを呑み込んでいったのです。

「あ、かはぁぁっ」

お尻が小さくバウンドし、颯太の顔が恍惚《こうこつ》にゆがみました。

汗臭さと苦味が口の中に広がったものの、私はかまわず亀頭を舐め回し、喉の奥まで一気に咥え込みました。

そして顔を引き上げ、首を猛烈な勢いで上下させたんです。

「あ、おおっ」

頬をすぼめてペニスをすすり上げ、ぶちゅぶちゅ、ずちゅちゅちゅっとはしたない音が室内に反響しました。

あれほどの激しいフェラチオは、元夫にもしたことはありません。

今度は颯太がシーツを引き絞り、顔を左右に打ち振りました。

さらに首をS字に振り、スライドのピッチを速めると、裏返った声を張りあげました。

「あぁ、ママ、ママ！　そんなことしたら、もうイッちゃうよ！」

次の瞬間、おチ○チンが口の中でのたうち回り、激しく脈を打ちました。

私はすぐに口からペニスを抜きとり、これでもかとしごいてあげたんです。

「あ、だめ、だめ、もうイッちゃうよ！」

「いいのよ、いっぱい出して。ママが見ててあげるから」

「あ、くっ、イグっ、イッぐぅぅぅっ」

颯太は顔をくしゃりとゆがめたあと、おチ○チンをさらに硬くさせ、先端の割れ目から大量の精液を噴出させました。

「きゃっ」

一メートルほどは飛んだのではないでしょうか。射精は一度きりでは終わらず、二発、三発、四発と繰り返され、私はあまりの凄まじさに目を丸くしました。

たぶん、七、八回は放出したのではないかと思います。

最後に指で根元から絞り上げると、尿管内に残っていた精子がひと際高く跳ね飛びました。

「すごいわ……こんなにたくさん出して」

「はあはあっ」

「さっぱりした？」

こちらの声が届かないのか、彼は目を閉じ、荒々しい息を絶え間なく放ちました。

これで収まるだろうとホッとしつつも、自身の肉体はほてったまま。愛欲の炎が燻《くすぶ》り、女の芯はジンジンとひりついたままでした。

「いやだわ、体がベトベトじゃない。ちょっと待ってて、すぐにふいてあげるから」

私はベッドから下り立ち、ティッシュを手にとるや、首筋から下腹に張りついた精液をふきとってあげました。

「ホントに……たっぷり出したわね」

ティッシュはまたたく間に精液まみれになり、いくらあっても足りませんでした。

生臭いにおいをかいでいると、またまた変な気分になり、おチ○チンにふれた瞬間、胸が高鳴りました。

やや萎《な》えかけていたペニスが、ムクムクと大きくなっていくではありませんか。あのときの衝撃は言葉では言い表せないほどで、目の錯覚ではないかと思いました。

「あぁ、嘘っ」

「……ママ」

「え？」

「ぼく……ママとエッチしたいよ」

片手で乳房をもみしだかれた瞬間、私は喉をコクンと鳴らしました。

「となりに寝て」

「あ、やっ」

ものすごい力で引っぱられ、無理やりベッドに押し倒されると、乳首をベロベロ舐められ、とうとう理性が頭から吹き飛びました。

「あ、あぁぁンっ」

私は甘ったるい声をあげ、あそこから愛液をダラダラ垂れ流しました。

腰が股の間に割り入れられ、先端を割れ目に押し当てられても、もはや拒絶する気は失せていたんです。

「ママ、入れるよ、入れてもいいでしょ？」

「あ、あ……」

「入れちゃうよ」

あのときの私は、物欲しげな顔をしていたのではないかと思います。

颯太もこちらの胸の内を察したのか、腰を突き進め、ついにカリ首が膣をくぐり抜けました。

「あ、あああっ」

とうとう禁断の関係を結んでしまったのですが、そのときは罪悪感はなく、快感が股間から脳天を貫きました。

私は颯太の背中をバチンと叩き、膣の中をいっぱいに満たすおチ○チンの逞しさにうっとりしていたんです。

「あぁ、すごい！　ママのおマ○コの中……とろとろで、チ○ポがとろけそうだよ」

「あ、ンはぁああっ」

颯太が腰をゆったりスライドさせると、快感はさらに高まり、私も無意識のうちに腰をくねらせていました。

膣肉でおチ○チンを引き絞るなか、彼は目をうつろにさせながら盛んに腰を振っていました。

手で放出させていなかったら、あっという間に射精していたかもしれません。一回出させたのが逆に仇《あだ》となり、颯太は執拗《しつよう》に腰を振りつづけました。

そして膣壁がこすられるごとに快感が上昇し、気がつくと、はしたない声をあげていたんです。

「ああっ、いい、いいっ、い、ひぃぃっ！」

「ああ、ママ、ぼくもすごくいい？　またイッちゃいそうだよ」

「いいわ、出して、中に出して」

「いいの？」

「いい！　いいから、中に出して」

その日はたまたま安全日で、かわいい息子の男の証《あかし》をすべて受け止めたいと思いました。

彼は喜び勇み、ラストスパートとばかりに腰をガンガン振りました。

「ひぃぃっ！」

全身が空に舞い上がるような感覚に包まれ、これまで経験したことのない絶頂感が怒涛のように打ち寄せました。

私は息子相手に、意識を失うほどのエクスタシーに呑み込まれたんです。

「あ、イクっ、イクっ、イッちゃうわ！」

「ああ、ママ、ぼくも我慢できない」

「イッて、いっしょにイッて！」

「あ、だめ、そんなに腰を突き上げたら……あ、イクっ」

「イッちゃう、イッちゃう、イクイク、イックぅぅぅっ!!」

身をのけぞらせた直後、膣の奥に熱いしぶきを受け、私はこの世の幸せを嚙み締めました。

そのあと、浴室でおチ○チンを洗ってあげたのですが、またもや大きくなり、啞然《あぜん》呆然《ぼうぜん》とするばかりでした。

結局、寝室に戻ってから二回もしてしまい、翌日は足腰が立たなくなりました。冷静になれば、後戻りできない罪の意識にどれほど苛《さいな》まれたことか。それでも颯太の懇願を拒絶できず、禁断の関係は彼が高校を卒業するまで続きました。

大手の量販店に就職したあと、地方の店に配属され、一人暮らししたことでホッとする一方、いまはさびしさも感じているんです。

貧乳の妻とは対照的に立派な美巨乳の義母
その柔肉でパイズリされる悦びに打ち震え

奥村政佳　会社員・三十五歳

私は三十五歳のサラリーマンです。妻の美咲《みさき》はもともと職場の後輩で、年齢は二十四歳。私とは実に十歳以上、年齢が離れているのです。

美咲は、夫の私が言うのもなんですが美人だと思います。目鼻立ちもはっきりしていて、ちょっと童顔で明るくかわいらしく、職場でもアイドル的存在でした。

そんな若くてかわいい妻をもらったので、周囲からはうらやましがられることも多いのですが、実はたった一つだけ、心ひそかに妻に対しての不満がありました。

美咲とは性格も合いますし、価値観や経済観念も一致しています。顔も、もちろんタイプです。しかし美咲は貧乳です。胸がないのです。

じつは告白すると、私は重度の巨乳マニアなのです。

妻に隠れてスマホで観ているエロ動画も巨乳ものばかり。初対面の女性や街ですれ違う女性に対しても、まず見る場所は胸の大きさです。

そんな私が、自分の妻にはAカップの女性を選んでしまったのです。

それでも美咲と二人きりで結婚生活を送っていたなら、美咲だけを愛して生きることはできたでしょう。しかし、私の新婚生活は美咲の母親である琴乃《ことの》さんとの同居だったのです。

私の義母にあたる琴乃さんは、目を見張るほどの巨乳だったのです。

琴乃さんは、美咲のお父さんとは死別しています。年齢は五十歳を越えていますが美容に気を使っていて、三十代と言っても通用するくらい若々しい見た目です。

美咲と似て顔立ちはかわいらしいし、しわも目立ちません。お腹もたるまず腰がくびれていますし、足もすらっと長くて、身長も娘の美咲より高いのです。

でもそれよりもなによりも、琴乃さんのすばらしさは巨乳のすばらしさです。

服の上からでもわかるおっぱいの大きさには、何度目のやり場に困ったかしれません。ただ大きいだけではありません。男なら誰もが理想と思う形のよさなのです。

いわゆる釣り鐘型というやつで、少なく見積もってもFカップはあります。

琴乃さんがほんの少し体を動かすだけで、それがユサユサ揺れるのです。

琴乃さんと美咲の胸を見比べて心の中で、この人の娘なのになぜ肝心な部分だけは遺伝しなかったんだろう……何度そう思ったかしれません。

もしも琴乃さんと二人っきりになったら自分が理性を保てるかどうか、はっきり言って自信がありませんでした。我慢できず襲いかかってしまうかもしれないと、ひそかに心配していました。そしてその「もしも」が現実になってしまったのです。

美咲が学生時代の友人と二泊三日の旅行に出ることになってしまい、その間、琴乃さんと私が家で二人っきりで留守番することになってしまったのです。

私は緊張して、初めて琴乃さんと二人きりの朝を迎えました。何かしら用事をつくって、外に出てしまおうかとも計画していました。

しかしそんな私の思惑も、琴乃さんの先制攻撃に出鼻をくじかれたのです。

私より少し遅れてリビングに姿を現した琴乃さんに、私は度肝を抜かれました。

上半身にはTシャツ一枚、下はパンティだけという刺激的な姿だったのです。

私自身がおっぱいマニアであるために、琴乃さんの胸のことばかりを強調してしまいましたが、もちろんお尻もボリュームがあります。歩くだけで誘惑するように左右に揺れる大きなお尻で、細い腰のくびれと相まって魅力的な曲線を描き出します。

それが布一枚だけで隠されている状態になっているのです。

上に着ているのは、明るい黄色のポップなTシャツでした。とても普通の五十代には着こなせないものですが、琴乃さんなら違和感がまったくないのです。

しかし、問題は明らかにノーブラだったということです。乳首の突起が、遠目にも見える状態でした。Tシャツは薄手で色も薄いので乳首の色までわかるほどです。

「おはよう。どうしたの？」

あまりに刺激的な琴乃さんのいで立ちに絶句していた私に、琴乃さんが挨拶をしてきました。私は口をもごもごさせて、一所懸命に視線をそらせました。

「朝ごはん、パンでいいかしら？」

琴乃さんはそう言って、キッチンに立ちました。

もう口実をつくって外出するどころの騒ぎではなくなってしまい、私はリビングのソファに座って料理をする琴乃さんの後ろ姿を見ていました。

後ろ向きになっている琴乃さんのパンティから少しはみ出したお尻の肉に、目が吸い寄せられました。そして上半身はというと、背中越しにも、左右に胸のふくらみが見えるのです。やっぱり大きいなあと私は心の中で感嘆《かんたん》の声をあげました。

「はい、お待ちどうさま」

琴乃さんがトーストとハムエッグを運んできました。それをテーブルに並べるときに胸の谷間が奥のほうまで見えました。グラビアアイドルさながらの谷間です。

しかも朝だというのに、その谷間からいい匂いまでただよってきたのです。

「い……いただきます」

私は琴乃さんの巨乳を見ないように努力しながら、朝食をとりました。もちろん味なんてまるでわかりません。見ないように努力しても目が引き寄せられるのです。

「ちょっと、視線が不自然よ？」

とうとう、琴乃さんがそう言って笑いだしてしまいました。

そして私のほうに顔を近づけて、こう続けたのです。

「いつも私の胸ばかり見ていたの、わかっているのよ」

気が動転して何も言えない私に、琴乃さんが不敵な笑みを浮かべます。

「美咲と結婚したくらいだから、胸がない子が好みだと思ったのに……」

その言葉を聞いて、私は思わず語気を強めてこう言ってしまったのです。

「ち、違います。ぼく、ほんとうは琴乃さんみたいな大きな胸が好きなんです……！」

失言だと思ったときには、もう手遅れでした。琴乃さんは、なんとも言えない、でも微妙にうれしそうな表情になって、さらに私のそばに近づいてきました。

「へええ……そうなんだあ……」

琴乃さんはそう言っていきなり私の手をつかみ、自分の胸に押し当てました。

驚いた私ですが、手のひらがおっぱいにふれると指先を動かさずにはいられませんでした。自分の意志と無関係に、指が勝手に動いてしまったのです。

「どう……やわらかい？」

「はい……や、やわらかいです……」

鼻息が荒くなっていくのが自分でもわかりました。興奮が止まらないとはこのことです。Ｔシャツの上からでも、その感触は絶品でした。大きなゴムまりがぴったりと手に張りつきます。まるで手のひらに自分から吸いついてくるようです。

夢中でＴシャツ越しのおっぱいをもんでいると、琴乃さんが不意に言いました。

「こんなことして、美咲が知ったらどんなに悲しむか……」

私の指の動きが止まりました。とんでもないことをしている気がして、いたたまれない気持ちになってきました。これはやはり、妻への裏切りになるのでしょうか。

しかし、誘惑しているのはほかならぬ妻の母親です。なんとも言えない背徳感を抱きつつ、その背徳感にかえって興奮が増してしまうのです。

「これ、どうなってるの？　ん？」

琴乃さんは悪戯っぽく笑って、私のジャージの股間に手を伸ばしてきました。

その部分は、自分でもびっくりするほど屹立《きつりつ》していました。それを包み込むように琴乃さんがなでさすってきたのです。

「すごく、硬い……それに、大きい……」

琴乃さんが私の耳にささやきます。いつの間にか、すごく近づいてきていました。

「あっ……それは、ちょっと……」

私は思わず声をあげました。琴乃さんの指先が私のジャージをおろして、ジャージの下にある下着のボクサーパンツを露《あらわ》にしてしまったのです。

「濡れてるじゃない、こんなに……」

琴乃さんは、そう言って私に微笑みました。

実際、私のはいていたグレーのボクサーパンツは、屹立したペニスに押し上げられてテントのように張っていて、その先端の部分が濡れて黒くなっていたのです。

恥ずかしくてたまりませんでした。自分が妻の美咲とセックスするときには、私のほうが「こんなに濡れてるじゃないか」などと言って、興奮させたりしています。

でも、それを男の自分のほうがやられるなんて……。

なんだか終始、琴乃さんのペースで翻弄されている私でした。

琴乃さんの指先が、ボクサーパンツの中に入り込んできました。指先が、屹立したものに絡みついてきます。琴乃さんが手を動かすと、私の体に密着している琴乃さんの胸も揺れて、押しつけられてきます。まるで天国にいるような気分でした。

「あの……シャワーを浴びてないので、汚いから……」

私がしどろもどろになって言うと、琴乃さんがうれしそうな顔になりました。

「じゃあ、きれいにしなくちゃね」

琴乃さんは私のパンツを一気に、おろしてしまいました。

「あっ……！」

とうとう、生で興奮状態のペニスを見られてしまったのです。

もちろん琴乃さんに見られるのは初めてです。琴乃さんは、じっと見つめながら、うんうんとうなずくような顔をしています。

「うれしい……こんなに大きくしてくれて……」

琴乃さんは私のペニスを愛おしそうになでさすります。先端を濡らしている先走りの体液が、ペニス全体に絡みついてきます。それぐらい溢れていたのです。

琴乃さんの唇が、ゆっくりとペニスに近づいてきます。

「いや……汚いですから……ああっ……！」

琴乃さんの唇がふれた、そう思った瞬間には、もう根元まで咥えていました。そして根元から一気に先端まですすり上げて、また根元まで……。それを何度も、すごい速さでくり返してきたのです。

「ああ、お義母さん……気持ちよすぎます……！」

そのとき私は、リビングのソファにもたれて座っている状態でしたが、あまりの気持ちよさにどんどん体がそり返ってきました。

琴乃さんはしゃぶりながら、私のジャージの上着をめくり上げてきました。そして指先を使って、私の乳首まで責めてきたのです。

「くっ、ああっ……そんなにされたら、もう……！」

私の体がピクピクと快感で痙攣するのを、琴乃さんがうれしそうに見ています。笑いながら、高速のフェラチオ責めをしてくるのです。私はもう限界でした。

「お……お願いです、お義母さん……その、おっぱいで、挟んでほしいです」

きっとこの時点でもう、私は理性が吹き飛んでいたのでしょう。

義母にフェラチオさせるというだけで異常なことなのに、女性がドン引きするようなリクエストまでしてしまったのです。

もちろん、妻の美咲にこんなお願いをしたことはありません。挟むだけのおっぱいがないのですから。でも、こんなすばらしい巨乳の持ち主を前にして、このお願いをせずにはいられなかったのです。きっと、義理とはいえ母親とこんな行為に及んでしまって、理性のタガがはずれて、私の本性が出てしまったのだと思います。

「やっぱり、大きなおっぱいが好きなのね……」

琴乃さんは少しあきれたような声を出しつつ、Tシャツをめくり上げました。おっぱいは完全には露出していません。巨大なおっぱいの下半球だけが、まくり上げたTシャツからはみ出ている状態です。脂ののった白さがまぶしいほどでした。

完全に乳首が露出するよりかえっていやらしいその姿に、心臓が高鳴ります。中途半端にTシャツを着たその状態で、琴乃さんは胸の谷間にペニスを挟み込んだのです。下から二つのおっぱいの間に入れて挟んだのです。

「うおお……これは……！」

思わず感嘆の息が洩れました。あのやわらかいことこの上ない琴乃さんのおっぱいに、生のペニスが完全に埋もれて、密着しているのです。あたたかくて、適度に弾力もあって、大げさでなく、これまで生きてきた中で最高の感触でした。

しかも、Tシャツでキュッと寄せられているので、締めつけもたまりません。琴乃さんは私の反応を見るように上目づかいになりながら、ペニスを挟み込んだおっぱいを左右の手で押さえつけて、ゆっくりと上下させてきたのです。

「うわっ……これ、やばいです、気持ちよすぎます……!」

私が後ろ手につかんだソファの背もたれに、思わず力が入りました。はっきり言って、美咲のアソコに挿入しているより何倍も気持ちがよかったのです。夢にまで見た琴乃さんのおっぱいを味わうのに、これ以上の方法はないと断言できました。

「すごく、ぬるぬるしてきた……溜まってたの?」

琴乃さんは悪戯っぽく笑いながら、胸を動かすスピードを上げていきます。限界がすぐそこまでという状態になってきました。

「ちょっと、止めて……ああっ……!」

とうとう、やってしまいました。暴発してしまったのです。

挟まれたままのペニスから飛び出した私の白濁した体液は、琴乃さんの黄色いTシャツの首の部分から飛び出して、琴乃さんの顔に思いっきりかかってしまいました。

「あんっ……!」

琴乃さんは小さな悲鳴をあげましたが、すぐに笑って私のペニスから体を離しました。自分に密着していたおっぱいが離れるのを、名残惜《なごりお》しく思いました。

「すっごく濃いじゃない……やっぱり溜まってたのね」

琴乃さんは、自分の顔についた私の精液を手でぬぐいとって、ねちゃねちゃと指先でこねて見せました。それを見て、とても恥ずかしい気持ちになりました。

「ご……ごめんなさい……」

私が言うと、琴乃さんは立ち上がって、洗面所のほうに向かいました。そして歩きだしてすぐ私のほうを向き直って、琴乃さんはこう言いました。

「何してるの？　お風呂場で私をきれいにしてちょうだい」

私はあわてて琴乃さんのあとに続きました。

先に脱衣場についていた琴乃さんは、すでに生まれたままの姿でした。

まさに造形美といってよい光景でした。さっきまではぎりぎりまで隠していた乳首も露になっています。年相応に色は濃くなっていますが、小粒でピンと上を向いていて、大きな釣鐘型の乳房と調和がとれています。

腰に続くくびれの曲線に囲まれたお腹には、うっすらと腹筋のスジが浮いて見えました。やはりエクササイズをして鍛えているのです。

そしてなによりも驚かされたのは、琴乃さんの股間に陰毛がなかったことです。剃《そ》っているのか、永久脱毛でもしているのか……もし剃っているのなら、この日に私とこうなることを見越していたのでしょうか？

「そんなにじろじろ見ないでよ。あなたも、脱いで」

琴乃さんは、私に近づいて、着ているものを脱がしてきました。向かい合わせになって近づくだけで、琴乃さんの胸の先端が私の胸板にふれてきます。至福のときでした。乳首が少し硬くなっているように感じて興奮しました。

気づいたら、さきほど出したばかりだというのに、すっかり復活していました。まるでやりたい盛《さか》りの高校生のペニスのように、絶倫状態になっていたのです。自分でもこれほど琴乃さんとやりたかったのかと、あきれました。美咲の顔が頭をよぎりましたが、もうここまで来ては引き下がれないと思いました。

琴乃さんは顔をさっと洗い、ボディソープを体の前面に塗りたくりました。ぬるぬるのボディソープに濡れた巨乳は、光り輝いて、卑猥さが何倍にもなりました。腕にも脚にも、まんべんなく塗りました。塗る仕草で、大きなおっぱいがゆさゆさと揺れました。しかし、もう目をそらせる必要はありません。すでに一回、射精までさせられているのですから……。

「じっとしてて……」

琴乃さんはそう言うと、私の首に両腕を巻きつけて、体を密着させてきました。

「うおお……」

私は思わず、深いため息を洩らしてしまいました。

あこがれの琴乃さんのおっぱいを、自分の全身で味わっているのです。

ボディソープのすべすべとした感触は、素肌でふれ合うのとはまた別の快感がありました。ずっと勃起状態のペニスが痛いほどでしたが、琴乃さんはそこも、手のひらで弄《もてあそ》んできました。自分からも琴乃さんを責めないと、やられっぱなしでは二回目も暴発してしまう……そう思いました。

そんな私の心を見透かしたように、琴乃さんがたずねてきました。

「私に、何をしたいの……？」

私はつばを飲み込んで、言いました。

「おっぱいを、吸わせてください……！」

こんな子どもっぽい、いや、まるで赤ん坊のようなことを言って、笑われるのではないかと思い、口にしたことを一瞬、後悔しました。

しかし琴乃さんは微笑んで、私に向かっておっぱいを突き出してくれたのです。

「はい……」

その瞬間、私は思いました。ああ、そうだ。自分は義理ではあるけれども琴乃さんの子どもなのだ。甘えていいのだ。そんな気持ちになったのです。

残っていた理性も吹き飛ばして、私は思いきりおっぱいにしゃぶりつきました。

本物の乳飲み子のように、むしゃぶりついたのです。

「あん……まだ石鹸がついてるじゃない……ああっ！」

これまでずっとリードをとっていた琴乃さんの美しい唇から、悩ましい声が洩れました。うれしいことに、乳首は琴乃さんの性感帯だったのです。俗に「巨乳は感度が悪い」などと言いますが、琴乃さんには当てはまりませんでした。

うれしくなって、私は口で琴乃さんの片方のおっぱいを、右手で反対のおっぱいを責め立てました。乳首が硬くとがってきて、赤みが差してきました。興奮状態です。

「いけない子ね……」

琴乃さんは少し息を荒げながらも、そう言って頭に血がのぼった私をなだめるように後ろを向かせたのです。

そして、今度は私の背中に、おっぱいを密着させてきたのです。石鹸でぬるぬるになった胸の感触が、ゆっくりと上下します。琴乃さんが押しつけているのです。

まるでソープランドのようなプレイを、義理の母がしてくれているのです。

「うっ……！」

私は思わず悲鳴をあげそうになりました。琴乃さんの両腕が私のわきの下をくぐって、私の乳首に到達していたのです。指先はいたずらっぽく、私の乳首を責め立てます。じらすように乳輪の周辺だけを刺激してみせたり、そうかと思うと今度はつまんで引っぱったり……琴乃さんにはどうやら「Sっ気」があるようです。

娘の美咲はどちらかというと受け身なので、これはうれしい誤算でした。

私の願望は巨乳の年上女性から、こんなふうにちょっぴり、いじめられることだったのです。私は身悶えしながら、琴乃さんにされるがままになっていました。

気づいたら、ペニスはもう臨界状態になっていました。

ボディソープでぬるぬるなのに、それでもわかるほど先走りの体液が溢れ出していたのです。琴乃さんも後ろから手を回して、それに気づきました。

「こんなになっちゃって、たいへんね……今度はどうしてほしいの？」

私は琴乃さんに責められながら、甘えた声でこう言いました。

「ここでこのまま、お義母さんのオマ〇コに、入れたい……！」

琴乃さんはにんまりと笑って、私を浴槽の縁に座らせました。

「美咲には、内緒だからね……」

そう言って自分も片脚を浴槽の縁にかけました。琴乃さんの無毛状態の股間から、鮮やかな桃色の亀裂が見えました。こんな熟女に、こんなきれいな女性器がついているなんて、誰にも想像できないと思います。でも、まぶしいほどの薄ピンクでした。

そして、私のペニスに手を添えて、ゆっくりと自分の部分に導いたのです。亀頭の先端がふれると、琴乃さんが目をうっとりと閉じました。そして、ゆっくりと握ったペニスを裂け目に合わせてこすったのです。

「ああ……すっごく気持ちいい……興奮しちゃう……！」

琴乃さんの腰が、少しずつ大胆に動いていきます。

濡れた部分が、時間をかけて亀頭を、茎の部分を、包み込んでいきます。

琴乃さんが私の首に腕を巻きつけて、顔を寄せてきました。少し分厚い肉感的な唇が、私の唇をふさいできます。

「んん……」

どちらともなく甘い吐息を洩らしながら、舌を絡ませ合いました。琴乃さんも私も信じられないくらい唾液が溢れていました。興奮していたのです。

根元まで呑み込まれると、私はもう我慢できなくなりました。琴乃さんの腰をつかんで、大きく、激しく、腰を振ったのです。

「ああ、すごくいい……もっと、もっと……！」

とうとう琴乃さんとひとつになりました。妻がいる手前、ずっと据え膳状態で、見ているしかなかった琴乃さんのすべてを、いまこそ自分のものにしたのです。

待ち焦がれたものを手に入れた感動と、琴乃さんの熟したアソコの肉体的な気持ちよさが相まって、かけ値なしに、人生最高のセックスでした。

快感が後から後からわき出てくるようで、止まらなくなってしまうのです。

自分の絶頂が来る、そのぎりぎりまで味わい尽くしたいと思いました。

琴乃さんはペニスをはめたまま。腰を回転させてお尻を私に向けてきました。

そして浴室の壁に両手を突いて、私に後ろ向きの格好で腰を突き出したのです。

「きて、もっと、もっと……！」

私は立ちバックの状態で琴乃さんのオマ◯コだけでなく、全身を責めました。

後ろから手を回して琴乃さんの大きなおっぱいを思う存分もみながら腰を振りつづけました。やがて絶頂の予兆が下半身に押し寄せてきました。

「琴乃さん、イク……イキます……！」

私は寸前で琴乃さんの体から抜き出して、琴乃さんの丸いお尻に大量の精液を発射して、身も心も、果てたのです……。

はやる私のペニスを手にとり腰を沈めた実母
離婚して家を出る母との最後の甘美な思い出

上杉俊明　会社経営・四十五歳

私の家は中部に位置する地方都市の旧家で、かなりの土地を相続していただけでなく、造り酒屋やその土産物《みやげもの》として有名な食品の製造会社を所有しています。それぞれ経営は順調で、そのころ一人息子だった私は、いわば跡取りのお坊ちゃんと呼ばれるような立場でした。

そういった地方の旧家にありがちなことですが、家の実権は祖父が握っていました。会社に関しても表向きは父が代表ということになっていましたが、重要な決断はワンマン体質の祖父の言うがままでした。

そんな父が唯一、祖父に逆らったのが結婚についてです。

祖父が勝手に決めた見合い話を断り、当時、家が経営する土産物屋の店員だった若い女性、つまり私の母親のやよいと強引に結ばれたのでした。

当然、祖父は激怒しました。しかし、すでに母親のお腹の中には私がおり、世間体もあって祖父は渋々結婚を認めたのです。

そんな経緯から、結婚後も母は祖父とは折り合いが悪く、息子の嫁というよりもまるで使用人ででもあるかのように扱われていたようで、ずいぶんと苦労したそうです。

やがて産まれた私は、祖父に溺愛されて育ちました。それもまた、祖父が母を邪魔に思った一因だったと思えます。

もっとも、そんな事情など子どものころの私にわかろうはずなどありません。物心ついてから、やっと当時の母親の心情が少しはわかるようにはなりましたが。

これから告白するのは、ちょうどそのころ、いまから三十年も前、私が中学から高校に進学した春休みの出来事です。

これまで述べたとおりの家でしたから、ついに耐えきれず、結局両親が離婚することになってしまいました。本来は気が弱く優柔不断だった父ですから、母を守ることをできなかったのです。

そして私は、父方に残ることになりました。跡取りということもあり、先々の生活を考えて母が身を引いたかたちになったのです。私としては母といっしょにいたい気持ちが強かったのですが、当時、高校生になったばかりで祖父や父親に逆らうことなど考えられませんでした。

私が幼いころから母は、いつも優しく接してくれました。あるいは、あの家にあって私が唯一の安らぎだったのかもしれません。私のほうも、母には素直な気持ちで甘えていました。なにより、息子の目から見ても美しい母が、自慢でもあったのです。

そんなこともあり、いつも母にベタベタしていた私は、マザコンだと言われても否定できません。小学校の高学年まで、お風呂もいっしょに入っていたくらいですから。不仲だった祖父と母です、旧家の広い屋敷に二つの家庭があるかたちでした。父親はむしろ祖父といっしょにいることが多く、事実上の母子家庭みたいなものでしたから、その習慣は誰にとがめられこともありませんでした。

母といっしょに入浴する習慣が終わりを告げた日のことは、いまでもはっきりと覚えています。

その夜も、例によって母と風呂場にいました。そして、湯船につかっていた私は、横を向いて体を洗っている母をぼんやりと眺めていたのです。

透明感のある母親の肌やぜい肉のついてない腰から丸く形のいいお尻のライン、弾力性のありそうな胸と上を向いた小さめの薄茶色の乳首、そしてととのった横顔はまるで美術の時間に見せられた絵画を思い出させました。

これまでも風呂場で見る母親の裸体を、美しいと思ってはいましたが、この夜はまるで磁力でも帯《お》びているように、なぜか私の視線をとらえつづけていたのです。

さらに、私の気持ちの中に、自分でも説明できないモヤモヤとしたものが渦巻いているのがわかりました。股間もムズムズとして硬くなりはじめています。

こんなことは初めてでした。

そんな私の変化には気づかず、いつもそうしているとおり母は振り返り、微笑を浮かべて言ったのです。

「俊明《としあき》、背中を流してあげるから、いらっしゃい」

「う、うん」

私は困ってしまいましたが、下手にいやがるとかえって怪しまれるかもと思い、股間を両手で押さえて湯船から出たのでした。

けれど、さすがに母も私の態度から気づいたようです。

「前なんか隠して、どうしたの？」

「な、なんでもないよ」

「いいから、見せてみなさい」

そう言うと母は、半ば強引に、私の手を除けさせました。

「ちょっと、母さん！」

うっすらと毛が生えはじめているものの、皮をかぶった私の幼いものが勃起しているのを目にした母は、眉をひそめて一瞬困惑の顔つきになって、つぶやきました。

「私の裸を見て、こうなっちゃったの？」

「う、うん」

怒られるかもしれないと思いましたが、私は素直にうなずくしかありません。

「俊明もそういう年ごろだから、仕方ないわね」

すぐにいつもの微笑を取り戻してくれた母に、私は安堵しました。しかし、それもつかの間のことで、母はいきなり私のものをつまんだのです。

「え？」

しかし、母の行動はそれだけにとどまりませんでした。両手の指で、私のものをおおっていた皮を根元のほうにずり下げました。完全に剝けきれませんでしたが、亀頭の先端が顔を出し、ヒリヒリとした感覚が走りました。

「痛い？」

「少し、だけ」

「男の子は、ここを剝くクセをつけたほうがいいのよ。それで、皮の裏に溜まった垢をよく洗ってね」

　言いながら母は、手のひらにつけた石鹸の泡で私の硬くなったものを、柔らかくしごくように洗いはじめました。

　しみるようなかすかな痛みはありました。けれど、それを上回る衝撃的といってもいい快感が、私を襲ったのです。

　ほんの数秒後、私はたまらず発射してしまいました。

「うっ！　母さん！」

　これが初めての射精でした。

　シャワーで私のあの部分に残った石鹸の泡や、発射してしまった精子を荒い流した母は、そっとため息をついて私に告げました。

「男の子になりはじめた俊明とは、もういっしょにお風呂には入れないわね」

「うん……」

「さっき言ったこと忘れないで、これからは自分で洗いなさい」

　私には、母の言うことの意味がすぐにわかりました。母を〝女〟として見始めている自分に、気がついたのですから。本能的に、これ以上はいままでどおりの距離感ではいけないという気持ちがありました。

そんなことがあって以来、意識してしまって母の顔を真っ直ぐに見ることができなくなってしまいました。母親も同じような気持ちだったようで、少し距離をおくようになったのがわかりました。もっとも、それが思春期における息子と母親の、普通の距離感なのかもしれません。

いわば、私の親離れがやっと始まったようなものです。

それからすぐ、私は悪友に教えられてオナニーを覚えました。ただ、ほかの友人たちと違ったのは、セクシーな女性のグラビアやエッチな漫画、ビデオなどは使わなかった点です。これまでに見た母の裸体、そしてあの夜の石鹼にまみれた指先の感覚を思い出し、毎夜オナニーにふけっていたのです。

そして、精液を発射したあとは、母との思い出を自分で汚してしまった気分に襲われ、深い罪悪感を覚えました。さらに、このままでは将来、普通の女性を好きになれないのではないかと、悩んだりもしたものです。それでも、やはり母との記憶を使って自分の男を慰《なぐさ》める行為は、どうしてもやめられませんでした。

数年間そんな日々を送っていた、中学校を卒業した春休みの午後のことです。平日なのに珍しく家にいた父から、母との離婚を告げられました。確か、このとき、母は四十歳になっていたはずです。

そのころになると、自分もある程度は察するようになっていましたから、ついにきたるべきときがきたのかと思ったのを覚えています。とはいっても、もちろん大きなショックを受けたのには違いありません。

それから私の頭の中を占領したのは、限られた時間を母とどう過ごすべきかでした。といっても、もう数日後には母は家を出ていくのだと聞かされていましたから、できることは限られています。そこで、せめて母の面影をできるだけ頭に刻みつけておこうと、私は決心したのでした。

広い家のいちばん北奥にある部屋の襖《ふすま》を開くと、たった一人で荷物の整理をしている母の姿がありました。まるで、もう家には関係ない者だといわんばかりの、祖父や父の仕打ちに怒りを覚えた私です。同時に、母のさびしげな横顔になんともいえない美しさを感じ、声をかけるのもためらわれ立ちつくしたのでした。

すると、私に気づいた母は、振り向き目が合うとにっこりと笑いかけてくれました。

「あら、俊明、引っ越しの手伝いをしてくれるの?」

「うん」

私は母に歩み寄ると、かすかに甘い匂いのしみついた服を段ボールに詰める作業の手伝いにとりかかります。そうやっていっしょにいると、風呂場での出来事以前の母子関係に戻った気分になりました。おかげで、母に対して抱いていた暗い罪悪感も、いくらから軽くなったように思えたのです。

そんななか、ふと手を休めた母は言いました。

「この家で優しかったのは、あなただけだわ」

そして最後に、今夜またこの部屋に来るよう告げられたのでした。

その夜、十時を過ぎたころでしょうか、私は言われたとおり、母の部屋に向かいました。私としては、最後にいろいろと話をするのだろう、くらいに考えていたのです。ところが、部屋に入った私は、スタンドの淡い明かりの中、布団の上でこちらに背を向けて正座している浴衣姿の母に、思わず立ちつくしました。

そして母は、振り返らずに言いました。

「襖を閉めてちょうだい」

いったい、何をするつもりなのかわからないまま、言葉に従った私は、すぐにとんでもない衝撃を受けることになります。

立ち上がった母は、こちらを向くといきなり浴衣の帯に手をかけ、足もとに落としました。しかも、母は下着をつけていなかったのです。風呂場で見たとき以来の、そして何度となく記憶を掘り起こし、想像してたの母の裸体が、薄明かりの中で実体として浮かび上がっていました。

四十という年齢を感じさせない、相変わらず均整のとれたスタイル。脚の中心に小さく茂った艶のある陰毛が、白磁のような肌に鮮やかな印象です。

「母さん、何を……」

「俊明、あなたも全部脱ぎなさい」

「え？」

もう頭の中が真っ白になって何も考えられない私に、母は真剣な口調で言いました。

「あなたのことを、全部覚えておきたいの」

その言葉に、それまで抱いていた母への罪悪感が許された気がした私は、震える手ですべてを脱ぎ捨てました。けれど、その先は何をどうすればよいのか、まるで見当がつきません。

「母さん、それでどうすれば？」

そんな私に歩み寄った母は、優しく手首をつかみます。そして、しばらくの間互いに生まれたままの姿で向かい合いました。言うまでもなく、私のあそこは痛いほどに勃起しています。

視線を下げてそれを見た母は、くすっと微笑しました。

「最後にお風呂で見たときからたった数年なのに、ちゃんと剝けて大人のおち○ちんになってるわ」

「自然に剝けてから、言われたとおり毎日洗ってるよ」

「言いつけを守って、いい子ね」

また微笑した母は私の手を引き寄せ、立ったまま優しく抱き締めます。

合わせた胸に母の体温と乳房の弾力が伝わり、髪の甘い匂いが鼻をくすぐります。

それだけではありません、母の下腹部に押しつけられた格好になった勃起したものが、さらに硬さを増したのがわかりました。

そんな私の耳元で、母がささやきます。

「ほんとうに男の子の成長って、早いのね。いつの間にかがっしりした体つきになっているし、背だって私よりも高くなっているのだもの」

そして、母は伸びをするようにして私に唇を合わせ、舌を差し入れました。

「うっ……！」

もちろん、私にとって初めてのディープキスです。それも、想像の中で相手にしていた母と、現実にそのようなことをしているのですから、信じられない気分でした。

そのようにしてキスをしながら抱き合ったまま、やがて私たちは布団に横になりました。

「俊明の好きにしていいのよ」

やっと唇を離した母は、上になった私の頬を指先でなぞりながら言いました。

それで私は、母の小さめの乳首にむしゃぶりつきました。いまにして思えば、まったく稚拙《ちせつ》な愛撫でした。母の反応を確かめる余裕など、もちろんありません。けれど母は、黙って私の背中をなでてくれました。

「こ、こんな感じでいいのかな？」

「そうね、次は下もさわってほしいわ」

私は言われるまま、指先をそれらしき部分へ伸ばします。

最初に茂みの感触が、さらに指先を下げると、ぬるりとした熱いぬめった粘液にふれました。

そこで初めて、母は「うっ」と短い喘ぎ声を洩らします。

顔を上げて盗み見ると、母は形のよい眉を寄せて苦しげな表情を浮かべていました。

「母さん、痛い？」

「ううん、大丈夫よ。でも、もう少し優しくさわってもらえるとうれしいわね」

「ごめん。女の人のあの部分が、よくわからないから……」

うなずいた母は、布団の上で肘を使って体をずらすと、脚を広げます。

そしてついに、私の目の前に母のあの部分がさらされました。

茂みのすぐ下で、軽く口を開いた赤みの強い粘膜が、スタンドの淡い明かりの中で、濡れているのがわかります。

母は、さらにその部分をV字型にした自分の指先で軽く広げて見せました。

「女の人の、ここに入れるのよ。わかるかしら?」

「!」

血が逆流するとは、あのような感覚をいうのでしょう、かっとした私は気がつくと母親のその部分に顔を埋め、懸命に舌を差し出していました。

「あっ、そんなことまで……!」

驚きの喘ぎをあげた母でしたが、私はさらに舌先を粘膜の入り口に差し入れ、左右に広げるように動かします。

ぬめりが増していく母のあの部分の匂いが強くなり、私の興奮はそれに比例して高まっていきました。

やがて興奮の限界を迎えた私は、母に訴えます。

「入れたいよ、母さん！」

「私も俊明が欲しいわ」

自分のものを握った私は、母の濡れた部分にあてがいました。すぐにぬるりとした温かさを先端に感じた私は、あわてたように腰を突き出します。

しかし、硬くなったものはそのまま母に挿入されず、勢いあまってつるんと上にそれてしまいました。

「くっ！」

それから二度、三度と突き立てましたが、やはり入りません。入れるべき部分を目で確認したばかりだというのに上手くいかず、私はパニックに陥りました。

そんな私に母は、子どものころから見せてくれていた優しげな微笑を浮かべました。

「あせっちゃだめよ、俊明」

母はそう言うと、私のものに手を伸ばし、体を入れ替えて上になったのです。

先端がまたふれたと思った次の瞬間でした、母は腰を沈め、私のものはついに収まっていきました。

「ああっ、母さん！」

温かいぬめりと柔らかさに包まれた私は、思わず声をあげてしまいました。

「今夜のこと、いつまでも忘れないでね」

端正な表情をゆがませた母は上から私にキスをすると、ゆっくりと腰を数回上下させました。

「もうダメだよ、母さん！」

それだけで私はたまらず、母の中にたっぷりと注ぎ込んでしまったのでした。

つながったままの姿勢で、申しわけなさそうな表情を浮かべていたのでしょう、母は私の髪をなでながら優しく言ってくれました。

「初めてだもの、仕方ないわよ。でも、俊明とひとつになれて、すごく気持ちがよかった」

「ぼくもだよ」

「あなたを男の子から立派な大人の男にすることが、母親として最後の務めだと思っていたのよ」

母は私を抱き締めて、私の顔中にキスの雨を降らせたのでした。

母とはこれで最後だと思うと、それから朝まで何度もひとつになりました。私が慣れるにしたがって母も快感を口にしてくれ、うれしく思ったのを覚えています。

そして翌日、母は家から去りました。

私は何度も母に会いたいと思いましたが、祖父の意向でしょうか、父も消息を教えてはくれませんでした。父はその後、祖父の気に入った後妻を迎え、やがて私に妹ができました。

そんな祖父も父もいまは亡く、どことなく母の面影に似た女性と結婚した私が、家業を継いで現在に至っています。

まだ母が生きているのなら会うべきだろうかと自問することはありますが、むしろ美しい姿のまま思い出の中にしまっていたほうがよいのではといまでは思っている私です。

禁断告白スペシャル《きんだんこくはくすぺしゃる》 母と息子の相姦体験《ははとむすこのそうかんたいけん》

二〇二三年 二 月 十 日 初版発行

編者◉素人投稿編集部【しろうととうこうへんしゅうぶ】

発行◉マドンナ社

発売◉二見書房

東京都千代田区神田三崎町二-一八-一一
電話 〇三-三五一五-二三一一(代表)
郵便振替 〇〇一七〇-四-二六三九

印刷◉株式会社堀内印刷所 製本◉株式会社村上製本所 落丁・乱丁本はお取替えいたします。定価は、カバーに表示してあります。

ISBN978-4-576-23004-7 ◉Printed in Japan ◉©マドンナ社

マドンナメイトが楽しめる! マドンナ社 **電子出版**(インターネット)……https://madonna.futami.co.jp/

Madonna Mate